出店戦略
店舗規模戦略
店舗設計戦略
メニュー戦略
財務戦略
販売促進戦略
採用育成戦略

7つの超低リスク戦略で成功する

飲食店「開業・経営」法

飲食店経営コンサルタント
井澤岳志

日本実業出版社

はじめに

なぜ、飲食店はこんなにつぶれるのでしょうか？

総務省のデータによると、現在飲食店は全国に約70数万店舗あります。そのなかで、3年の間に廃業する数、つまりつぶれる数はどれくらいあると思いますか？

答えは、約14万店です。3年間で、実に約20％のお店がつぶれています。

ここから、新しく開業する飲食店に限って考えると、3～5年でその大半がつぶれるといわれているのです。

これほどまでに**開業した大半の飲食店はつぶれる危険性が高い**のです。特に現在のような厳しい経営環境下では、その危険性はより高まっています。

経営コンサルタントのなかには、上位1％の超繁盛店の成功事例を取り上げ、そのマネをするように指導する人が多くいます。

「小さなお店は他店にない独自メニューに絞り込め！」とか、「こだわりの商品だけを売り込め！」といった話を耳にする機会も多いかと思います。

しかし、その超繁盛店の成功の背景には、圧倒的な「商品力」や「サービス力」などが隠れている場合が多いのです。次ページの図の下部に位置する多くの「普通の」お店では、そこまでの「商品力」や「サービス力」はありません。つまり、超繁盛店のマネをして、お店を開業・経営しても、**成功する確率は決してアップしない**というのが現実なのです。そもそもの前提条件が違うのですから、うまくいくはずがありません。

これは、「マネをしても成功しない」という意味ではありません。マネをして成功するお店も多くあります。しかし、そのお店は「そもそもマネをしなくても成功する可能性が高かった」はずなのです。

つまり、「成功する要因を見つけ出し、マネする」よりも、**「失敗する要因を把握して致命的なエラーを起こさない」**ほうが、「普通の」お店が生き残るためには重要なのです。

この失敗の要因を知らないまま経営するのは、まさにリスクそのものです。リスクそのものを認識していない状態の「無謀さ」、知っているつもりでリスクを低減・回避するこ

超繁盛店のマネをしない

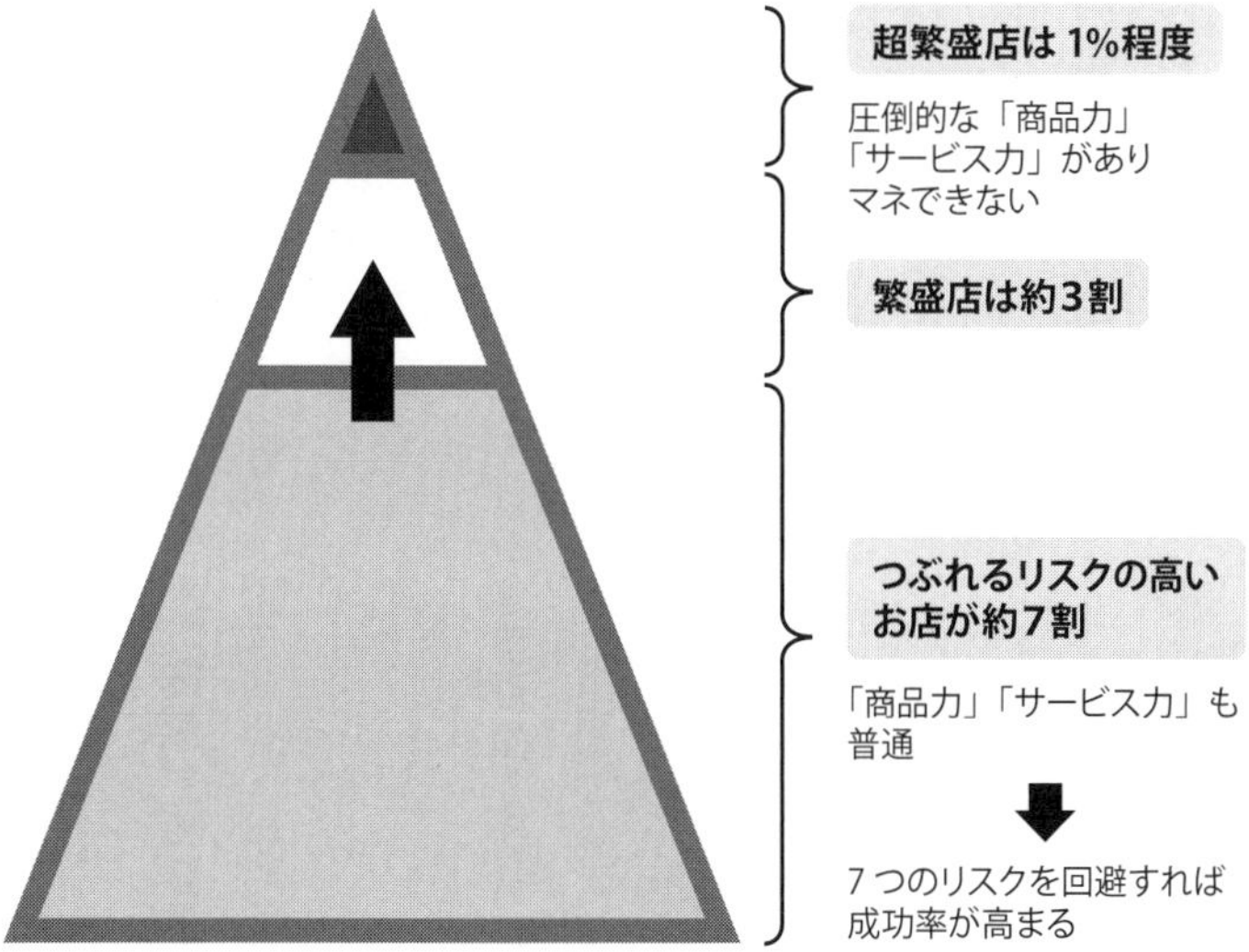
超繁盛店は 1%程度
圧倒的な「商品力」
「サービス力」があり
マネできない
繁盛店は約3割
つぶれるリスクの高い
お店が約7割
「商品力」「サービス力」も
普通
7つのリスクを回避すれば
成功率が高まる

本書の目的　**「普通の」お店が生き残ること**

とを意識しないで開業・経営することの「危うさ」を、きっちり理解している人は、残念ながらそれほど多くありません。

本書の目的は、「最も失敗しにくい」開業・経営法を伝えることです。失敗につながるリスクを徹底的に回避することで、「普通の」お店でも、**成功率を飛躍的に高めることができる**のです。

プロ野球に例えるなら、イチロー選手や松井選手のようなスーパースターを目指すのではなく、まずは「1軍に残る」ことを目指して経営する必要があるということです。

私はこれまでのコンサルティング経験のなかで、飲食店経営は1つ間違うと恐ろしいほど高リスクなビジネスに成り得る、ということを痛感してきました。

私がこれまで活動してきた富山県は、人口110万人の小さな県です。しかも、支援先は小さいお店が多い。この「小商圏での小規模店」という、極めて厳しい条件下で数多くの飲食店の実態を見てきました。

そんななかで、「つぶれやすい」飲食店に共通する要素を見出し、そのリスクを回避する方法を編み出していったのです。そしてさまざまな試行錯誤の結果、厳しい条件下では、

「いかに低リスクで開業・経営するか」が非常に重要なポイントだと感じるようになったのです。

その視点で取り組んできた売上アップコンサルティングでは、全顧客中、93・2％の成功率を達成しています。おかげさまで好評を頂き、開業・経営に悩む飲食店経営者の相談を数多く受けてきました。

本書は次の3つのどれかに当てはまる人にとって、非常に役に立つと思います。

1. 独立開業を予定、もしくは希望しているが、飲食店の開業は初めてで、知識やノウハウを得たいと思っている人
2. すでに飲食店を経営していて、今後の出店予定もあり、今以上の開業ノウハウ、特に「失敗しない」「成功率を高める」ノウハウを知っておきたい人
3. すでに飲食店を経営していて、この不況下における「生き残り」のノウハウや、「低リスクで成長する」ノウハウを知りたい人

これらの読者に向けて、飲食店が抱える7つのリスクと、その回避方法を失敗事例と成功事例を交えながらくわしく説明していきます。本書で紹介する7つのリスク回避方法を実践できれば、飲食店経営で成功する確率は極めて高くなります。

第1章から第3章は、開業・新規出店・業態転換時に参考になる内容となっており、第4章から第7章は、日々の経営に参考にできる内容にまとめてあります。

これから飲食店を開業、新規出店する人にとっては、開業から経営に渡って長期的に使える具体的なノウハウ書として利用できます。

すでに飲食店を運営中の人は、第1章から第3章で経営戦略を見直しつつ、第4章から第7章で、より低リスクな経営へとお店を改善できるでしょう。

私が実際に使ってきた帳票類や調査用ツールを公開し、実際に「使える」本として仕上げてあります。同時に、内容は実例を数多く盛り込み、「読みやすくわかりやすい」内容となるよう心がけました。

この本への投資は、あなたの開業・経営リスクを減らし、成功率を大幅に高めるものとなるはずです。あなたが本書にある7つのリスクを回避する方法を実践し、すばらしいお店を開業・経営されることを願っています。

Contents

7つの超低リスク戦略で成功する飲食店「開業・経営」法

第1章 本当の「いい立地」を見極める超低リスクの出店戦略

第2章 適正な大きさを見つけ出す超低リスクの店舗規模戦略

第3章 将来のコストを最小化する超低リスクの店舗設計戦略

第4章 オーダーを思いのままにあやつる超低リスクのメニュー戦略

第5章 資金繰りを安定させる超低リスクの財務戦略

第6章 お客様を固定客に育てる超低リスクの販売促進戦略

第7章

慢性的な人不足を解消する超低リスクの採用育成戦略

カバーデザイン◎井上新八
本文DTP◎ムープ（武藤孝子・徳永裕美）

プロローグ

飲食店を廃業に追い込む7つのリスク

飲食店経営は、1つ間違えれば、高リスクになりうるビジネスです。
そのリスク要因を、実際にあった事例を通じて簡単に紹介します。
何も知らずに経営することはリスクそのものです。

01 1つ間違えると恐ろしいほどハイリスクな飲食店経営

あなたは、つぶれた飲食店を見たことがありますか？

私は何度もあります。私がまだ飲食店のコンサルタントとして駆け出しだった頃、支援先のお客様のお店に行くと、ドアの前に不思議な貼り紙がありました。

「店主の都合により、月末まで臨時休業します」

あれ？　どうしたんだろう？　そう思ってオーナーの携帯に電話しても、留守電になるばかりです。結局、その後オーナーと電話がつながることはありませんでした。

そう。このオーナーは夜逃げしていたのです。

ドアの貼り紙は、さまざまな支払いの催促から一瞬でも逃れるためのカムフラージュだったのです。支援中のお店が廃業する経験は初めてで、当時は大変なショックを受けました。

それは、そうです。突然、何の相談もなく、いなくなるわけですから。

コンサルタントとして、何より「信頼されていなかった」ということがショックでした。自分が情けなくて仕方がありませんでした。

ただ、私とは違う意味で大きなショックを受けた人たちもいました。それは、金融機関や関連業者です。このオーナーは、莫大な借入金と、数か月分の仕入れ分のすべてを踏み倒して逃げたわけです。それだけ、多くの人たちの信頼を「裏切って」しまったのです。

これは誰にとっても悲しい出来事ですが、こんな悲劇は、実は決してめずらしいことではありません。飲食店経営者の「夜逃げ」は、日常的に起こっていることなのです。

飲食店経営は、１つ間違えると恐ろしいほどハイリスクなビジネスになり得るのです。

高いリスクを背負ってしまった最悪の結果の１つが、夜逃げなのです。

数多くの飲食店を見てきた私の経験から、失敗する経営者に共通する要素を1つだけあげるとするなら、次のものをあげます。

「失敗する経営者は飲食店経営に関する知識がとぼしい」

知識がとぼしい結果、自分の感覚だけを頼って無謀な出店をしたり、現場を知らない関連業者のいいなりになってしまうのです。

飲食店経営で成功するためには、何よりも知識を身に付けることが大切です。

次項以降で説明する飲食店の開業と経営における「7つのリスク」をしっかり回避すれば、**成功率は飛躍的にアップします。**

あなたの成功を確実にするため、ぜひ本書から勝ち残る知恵と知識を得てください。

02

リスク1　「出店」「俺が市場をつくる」なんて、無理！

１つめのリスクは、**店舗周辺の飲食需要の大きさを読み違えて出店し、予想どおりの集客ができない**ことです。

数年前、低価格のカジュアル・フレンチが富山でオープンしました。このお店のコンセプトは「高品質のフレンチを低価格で提供する」というもの。そして、「これまでフレンチを利用しなかった人を呼び込む」という狙いがありました。

一見、大成功しそうな印象がありますが、残念ながら、このお店は半年でつぶれました。失敗の最大の原因は**「フレンチを利用する人の数」を読み違えていた**ことです。私は開店前にこのオーナーに一度お会いしています。そのときオーナーはこういいました。

「東京でもカジュアル・フレンチは流行っている。俺は富山でカジュアル・フレンチという市場をつくりたいんです！」

確かに、当時富山で低価格のフレンチはありませんでした。「だから、チャンスだ！」という論理です。しかし、先行したお店がないということは、逆にいえば**「そもそも需要（市場）がない」**ということでもあるのです。誰もやっていないからといって、需要が小さいところで勝負しても、なかなか勝つことはできません。

東京では、そもそも「フレンチを利用する人の数」が圧倒的に多いのです。そのお客様が低価格なフレンチに流れているため、流行っていたということなのです。

このお店にも、富山のフレンチの利用者が流れてきたはずです。しかし、その絶対数が少なすぎました。少なくとも、お店を維持できるほどの集客はなかったのが理由でした。

著名なコンサルタントの先生がプロデュースした飲食店がすぐに撤退してしまうのも、この需要の読み違いがおもな原因です。コンセプトはすばらしいのですが、需要（市場）が小さいために、売上実績が予測の半分以下などという悲惨な事態を招いてしまうのです。

ちなみに、この需要の読み違いは、富山のような小さな商圏だけに当てはまることではなく、大きな商圏、好立地でも同様の間違いは起きています。

大手コンサル会社やフランチャイズチェーンの本部が予想した売上予測も、まったくのデタラメに終わることがあるのです。予測が当たるのなら、つぶれるフランチャイズ店はもっともっと少ないはずです。

彼らは**「現場の飲食需要（市場）を把握できる調査」**をしてくれません。すでにあるデータから机上で計算することがほとんどです。

つまりは、**「正しく飲食需要（市場）を把握する方法を知らなければ、恐ろしくて出店計画など立てられない！」**というのが、私の考えです。

誰もやってくれないのなら、自分でやるしかありません。具体的な調査方法は第1章で紹介します。

03

リスク2「店舗規模」
大は小を兼ねるなんて大間違い

2つめのリスクは、**店舗規模を大きくしすぎてしまう**ことです。

数年前、富山市のある幹線道路沿いに人気フランチャイズチェーンの飲食店がオープンしました。その幹線道路の通行量は大変多く、県内でもトップクラスです。オープンした場所も法人数、人口ともに多く、いい場所でした。当然ながら、お店にはかなりの集客があり、売上も周辺では一番だったと思います。

しかし、このお店は結果として、数億の負債を残して撤退しました。

なぜでしょうか?

ひと言でいえば、店舗の規模が大きすぎたのです。

よりくわしくいえば、先の「出店リスク」にも通じるのですが、周辺の飲食需要に対して、お店の規模が大きすぎたということです。

飲食業にとって、お店の規模が大きいことは、借入額、返済額、人件費、家賃、水道光熱費、その他の固定費アップにつながります。つまり、維持するだけで多大なコストがかかるのです。

さらに恐ろしいことに、平日でも席を埋めなくてはならないため、広告宣伝費なども余計にかかってくるのが現実なのです。

周辺エリアで最も売上が高いのに、結局、数億円の負債を抱えてつぶれてしまう。これがハイリスク開業の怖さです。

私は決して、「小さいお店がいい」といってるわけではありません。

「飲食需要の規模に合わない大きなお店」をつくってはならないということです。

適切な店舗規模を見出す方法は、第2章で解説します。

04

リスク3「店舗設計」

見えない損失が怖い！ 店舗設計の失敗

3つめのリスクは、**店舗設計で失敗する**ことです。店舗設計を間違えると、**「将来の見えないコスト」**を背負い、同時に**「将来の見えない機会損失」**を生んでしまうのです。

まず、「将来の見えないコスト」を生んだ事例です。

ある洋風居酒屋には、アメリカ調のこだわりの内装と、おしゃれな中2階がありました。しかし、そのこだわりの設計のため、お店は余計なコストを負担することになったのです。実はこの店舗の設計では、混雑時に2階のお客様から、「ベルで呼んでも誰もこない！」、「注文したものを早く持ってこい！」などのクレームが来るのです。混雑時に毎回2階まで上がっていくわけですから、遅くなって当然です。

結局、この店は2階にドリンクスタンドを設置し、スタッフを待機させることにしました。確かにクレームは減りましたが、人件費が毎月10万円近く上がる結果となりました。

このように、よく考えずに店舗設計を行うと、余計なコストを背負ってしまうのです。

次は、「将来の見えない機会損失」を生んだ事例です。

ロードサイドにある和風居酒屋の話です。古い木造の建物を改装したお店は、風情もあり落ち着けるいい雰囲気です。外観は上品な印象を感じるお店でした。

しかし、この和風居酒屋には、なかなか新規客が増えないという悩みがありました。私が店舗診断をしてすぐにわかった問題は、「外観だけでは居酒屋だと気づかない」ということ。通行車は多いのですが、居酒屋だと認識する人の割合がかなり少なかったのです。なんだかわからないお店に入る人はいません。新規客が少なくて当然だったのです。

この和風居酒屋では、店頭に居酒屋であることを知らせる看板を1つ設置しただけで、なんと、売上が昨年同月対比で1・5倍になりました。

逆にいえば、今までかなりの新規客をみすみす逃していたということです。これは新規客の来店機会を損失していたことを意味します。

この2つの事例のように、店舗設計の失敗は、比較的気づきにくいものです。すでにある店舗設計が大前提になるため、余計なコストやもったいない機会損失が発生していてもなかなか気づかないのです。

将来のコストダウン・売上アップを同時に実現できるように、入念に店舗設計をする必要があります。くわしくは第3章で説明します。

05

リスク4　「メニュー・業態」
絞り込んで生き残れるお店はわずか1%

4つめのリスクは、**めずらしい業態や単品メニューで開業する**ことです。

実は、冒頭で紹介した夜逃げのお店こそ、このパターンだったのです。

そのお店は、おそらく富山では初めての「豚料理専門店」でした。いまでこそ、たまに見かける業態ですが、当時はこのコンセプトは非常にめずらしかったのです。さらに、味もなかなかよかったのですが、このお店は半年でつぶれました。

これも前述したリスク1、リスク2と根本的な原因は同じです。

例えば、豚料理専門店に行きたいと思う人の割合が10%だと仮定します。この割合は大きな商圏でも、小さな商圏でもさほど変わりません。しかし、大きな商圏と小さな商圏では、そもそもの母数が違います。つまり、大きな商圏ではめずらしい料理を食べたい人の「絶対数」が多い。たとえ10%でも、すごい数になります。だから、お店が成り立ちます。

しかし、**小さな商圏では、「絶対数」が少なすぎるために、同じ10%を集客したとして**

も、お店を維持できるほどの売上にはならないのです。

これが私の見てきた現実です。ちなみに、わずかですが例外も存在します。めずらしい業態で成功できるのは、「圧倒的に味のレベルが高いお店」です。いわゆる「地元の名店」です。しかし、私の経験上、人を遠くからでも呼べるほどの調理師は、１００人に１人です。その１％のお店が地元の名店になるのです。

よく「小さいお店こそ、独自の料理で勝負」とか、「単品に絞り込め」といわれる場合がありますが、私からいわせると、それはかなりハイリスクです。

小さい商圏でそんなお店を繁盛させることは、かなり難しいことです。それは、１％程度の人にしかできないことです。他の99％のお店は、そこまでの味を提供することはできません。

「普通の」味のお店でも使えるメニューについては第４章で紹介します。

06

リスク5「財務」

儲かってるあのお店がなぜ、つぶれたのか？

5つめのリスクは、**財務や資金繰りについて正しく理解せずに開業・経営する**ことです。

飲食店のなかには、儲かっていても、つぶれるお店があります。その多くは、資金繰りがショートした結果、つぶれたのです。

ある焼肉店のオーナーとこんな話をしたことがあります。このオーナーは個人事業主として、小さな街で小さな焼肉店を営んでいます。

オーナー「井澤さん。会計事務所の話だと、うちの損益分岐点は180万円ですよね？」

井　澤「ええ、そうですね」

オーナー「だけど、最近売上が220万円以上あるのに、なぜか資金繰りが厳しいんですよ」

井　澤「借入の返済分がありますよね。返済は残った利益から出してますから」

オーナー「あ、そうでしたね。でも、返済分15万円引いてもお金が足りないんですよ」
井　澤「だって、オーナーの生活費も残ったお金から引いてますよね？」
オーナー「あっ、そうでしたね」
井　澤「利益で40万円残っても、返済と生活費があるので資金繰りは厳しいですよ」
オーナー「う〜ん。だけど、生活費は15万円ほどだから、返済分の15万円と足しても、30万円。利益は40万円あるから、ほんとは10万円くらい残るはずなんだけどな〜。なぜか、現金が足りないんですよね」
井　澤「なるほど。では、何かほかに原因がありそうですね」

こんな話をして、いろいろ調べた結果、原因がわかったのです。

1つめは、売上の変動が大きく、大きな売上を上げた次の月は、請求額が跳ね上がるということ。しかも、精肉の仕入れは大きなブロック単位で行っているため、仕入れる量が月によってバラつきがあり、少ない売上の月に、先月の大量仕入れ分の請求が重なると、資金繰りが苦しくなる。

2つめは、水道料金の請求が2か月に1回だということ。2か月分がまとまってくるので、現金がぐっと減るときがある。

3つめは、大きな売上が上がる月はついつい仕事帰りにスタッフやお客さんと飲みに行ってしまうこと。それを生活費でまかなうのではなく、接待交際費や福利厚生費として、お店のお金を使っていた。

これら3つの原因が重なって、資金繰りを厳しくしていたのです。

事例は多少、特殊かもしれませんが、似たケースは本当によくあります。事例のオーナーのように、収入と支出に大きなバラつきがあると、現金残高の増減が大きくなり、お金の流れが見えにくくなるのです。

結果、ついつい無駄遣いをして、資金繰りが回らなくなるのです。

さらに、個人事業では、お店と経営者の生活費がごちゃまぜになってしまうケースが多く、注意が必要です。人間は、財布や銀行口座に現金があると、つい使ってしまいます。

そうならないために必要な資金繰りに対する知識を第5章で紹介します。

07
リスク６「販売促進」
大事にすべきは新規客か？　既存客か？

６つめのリスクは、**間違った販売促進を行う**ことです。

このリスクは開業時だけでなく、経営していくうえでも非常に重要なポイントになります。ある居酒屋の事例を紹介しましょう。

このお店は郊外にあり、鮮魚を中心とした１００席ほどの居酒屋でした。開店時に地元のフリーペーパーに掲載した一面広告が大当たりしました。お店は連日満員、かなりの売上を上げました。ここまではよかったのです。

しかし、オープン時に一気にお客様が殺到したため、慣れないスタッフはパニックに陥り、かなりのクレームを受ける結果となりました。残念ながら、お客様からの評判はいいものではなく、悪い噂だけが広がったようです。

「広告掲載を続けると、また対応ができなくなる」のは明らかでした。しかし、このお店は同じフリーペーパーの一面広告をやめなかったのです。

なぜなら、やめるのが怖かったからです。一度、大成功すると、やめた反動で売上が下がるのが怖くなるのです。

しかし結局は、このお店は資金繰りの関係上、大規模な広告をやめざるを得なくなりました。そして、広告掲載をやめた途端、売上が一気に下がりました。特に平日の落ち込みは相当なものだったようです。

このお店は業態転換などの対策を打ったものの、最終的には約1年でつぶれました。

確かにそもそもの戦略が間違っていたことも事実です。しかし、大規模な新規客向け販促を継続して行った結果、多大な負債を残す結果を招いたのです。

もっと既存客を大事にしてお金をかけていたら、違う結果が得られたかもしれません。

新規客は確かに重要です。しかし、**新規客向けの販促しかやらないお店は、大きなリスクを背負う**ことになるのです。

売上が上がる販売促進については、第6章で見ていきましょう。

08 リスク7
「採用育成」多すぎても少なすぎても大問題

7つめのリスクは、**間違った人材採用と教育を行う**ことです。

このリスクも販売促進と同様、開業時だけでなく、経営していくうえでも大きなリスクを生む可能性がある重要なポイントになります。

さて、1つめの「集客リスク」で紹介したカジュアル・フレンチですが、開業時、社員が何人いたと思いますか？

なんと、4人です。確かに技術をもった調理師やフロアスタッフを雇いたい気持ちはわかりますが、これではあまりにリスクが高すぎます。

人件費は非常に削減しにくい費用です。しかも、売上がどれだけ低くても、必ず一定額以上はかかる経費です。お店の売上が安定するまでは、極力抑えることが必要なのです。

その反面、こんな事例もあります。ある居酒屋がオープニングスタッフを20名募集したところ、集まったのがたったの3人。結局、オープン日を遅らせるしか方法はありませんでした。ここでは、採用の問題が浮上した事例となりました。

そして、焦った経営者は求人広告を大量に使ってスタッフ募集を行いました。最初はよかったのですが、途中から人がどんどん辞めていきました。スタッフを採用したのはいいが、教育がまったくできていなかったため、定着率が極めて悪かったのです。

この事例のように、今後は、人材の採用と教育の問題が大きなリスクとなることは間違いありません。

正しい「求人採用方法」と「教育方法」を実施することにより、リスクを最小限に抑えることができるのです。その方法は第7章で紹介します。

第1章

本当の「いい立地」を見極める超低リスクの出店戦略

飲食店を開業する際、どこに出店するかという立地戦略を立てます。立地戦略は、非常に重要であるにもかかわらず、なんとなく決めているケースがが非常に多く、これはリスクそのものです。

01 本当の「いい立地」とは？

本書の読者のなかには、飲食店を開業予定の人や、すでに開業されていて、2店舗目、3店舗目を出したい人もいるでしょう。あなたは新しく飲食店の立地を選ぶ際、どんな基準で決めますか？

この質問を、いろいろな経営者に投げかけると、さまざまな答えが返ってきます。駅前立地、大通り沿い、家賃の安い裏通り、不動産屋の推薦、同じようなコンセプトのお店が近くになかったことなどが、答えとしてよくあげられます。なかには、自宅から近かった、風水で南西の方角がよかった、などという驚きの答えもあります。

この質問をするたびに、どこにお店を出すかという**「立地」について、深く考えている人が少ない**ことを痛感します。

これは本当に恐ろしく、危ないことであり、まさにリスクそのものです。

なぜなら、飲食店にとって「立地」は最も重要なものの1つだからです。

立地は、「お客様に来て頂けるかどうか」に大きな影響を与え、繁盛するかどうかを大きく左右します。

その立地を、明確な戦略と理由をもたずに決めてしまうことは、非常に危険な行為といわざるをえません。

「立地」選びを戦略的に行うということは、飲食店経営にくわしい人からすると、当たり前のことでしょう。しかし、この当たり前のことをきちんとやっている、個人経営のお店や地域の飲食企業は、本当にまれです。

人通りの多い駅前立地なら、お客様がいっぱい来るから問題ないじゃないか、という意見もあるかもしれません。しかし、駅前だから、大通り沿いだから、人口が多いからという理由があれば、はたして「いい立地」といえるのでしょうか?

それは違います。

「いい立地」とは、「店舗とその地域の飲食需要の相性がいいところ」です。駅前立地などその他の理由は、いい立地を規定する諸条件の1つにすぎません。

たとえ、駅前で通行者が多くても、人口が多くても、その場所に合った、お客様の需要がある場所でお店を出さなければ、集客は見込めず、いい立地とはいえません。

一般的な立地条件には、人口、世帯数、事業所数、通行量、競合店の数などがあります。これらを考えて立地の善し悪しを判断します。あるフランチャイズチェーン本部の店舗開発システムでは、店舗の半径○キロにおける人口、世帯数、事業所数と競合店の数のバランスで立地判定が出るようになっています。例えば「人口は多いものの、競合店は少ない→A判定」といった具合に判定が出ます。

しかし、このようなシステムを使うだけで、その立地がいいのか、悪いのかは、絶対に見極められません。なぜなら、立地の善し悪しには、「見える」データと「見えない」データがあり、あらゆる要素が複合的に絡み合っているからです。

例えば、通行量、視認性（お店の見え方）、信号の位置、駐車場の有無、場所の属性、どんな人が多いか、その地域ならではの味の好みなど、一般的なデータには決して出てこない要素が数多くあるのです。

よって、**机上の数値データだけでは、現場は絶対にわからない**のです。

しかし、ＦＣ開発の営業マンや現場を知らないコンサルタントにすべてを任せてしまうと、「見える」データ上での「いい立地」をすすめてくることが多いのです。その結果、大きな失敗をしてしまうお店が跡を絶ちません。

少しの手間と時間をかけることで、正しい判断を行い、悪い立地を避け、いい立地を探し当てることができるのです。決して手間と時間を惜しまないでください。一度お店の場所を決めてしまうと、よほどのことがないかぎり場所を変えることはできません。つまり、立地選びの失敗は即店舗経営の失敗につながるおそれがあるのです。

立地選びは慎重になりすぎるくらいがちょうどいいと断言できます。

繰り返しますが、いい立地とは、自店とお客様の飲食需要の相性がいい場所のことです。そして、それらは目に見えない重要な要素が絡んでいることを、肝に銘じておいてください。この目に見えないデータを集めて立地戦略を立てれば、立地に関するリスクを低減できます。

立地戦略は、どんなエリアに、どんな業態で、どのくらいの売上を目指して、どんな物件で、営業するかを、明確にすれば策定できます。

次項以降で、立地戦略について解説していきます。

02 周辺エリアの特徴を見極める

では、自分のお店とお客様の飲食需要の相性のいい「いい立地」は、どうすれば見極められるのでしょうか?

まず、周辺地域が**「どんなエリアか?」**、おおよその特徴をつかみます。そして、その特徴と自店の商品・サービスの相性を考えるのです。簡単ですよね?

例えば、大学の近隣で、学生用のアパート・マンションが多い地域に、お客様が1回の来店で支払う金額（客単価）の高い居酒屋をオープンするとします。これは相性がいいとはいえません。なぜなら、一般的に、学生はお金がないので、客単価の高い居酒屋へはなかなか行けないからです。この場所にオープンするなら、低価格帯の居酒屋、もしくは定食屋やカレー屋などのほうが、相性がいいでしょう。

つまり、**「どんなお客様」**の利用が多い地域なのか、**「どんな飲食店」**が発展している立地なのか、といった立地の種類と特徴をきちんと見極める必要があります。

よくある立地の種類とその特徴を43ページの表にまとめたので、参考にしてください。ただし、あくまで一般的な特徴であり、実際の立地の特徴と異なる場合もあります。現実的には表に示した立地の特徴が複合的に重なり合っているケースもよくあります。そうなると、いい立地を正確に把握することは難しくなってきます。

そんなときに立地の特徴を最も正確に把握する方法があります。

一般的な方法としては、調査会社から物件周辺のデータを買ったり、大手コンサルティング会社に調査を依頼したりすることなどがあります。しかし、これらは当然、高い費用がかかります。そんなことをしなくても、もっと簡単かつ確実に必要なデータを把握する方法があるのです。

それは、**現地に足を運ぶこと**です。

現地に行って周辺を歩いて、周辺の飲食店に実際に入ってみれば、最も正確に市場を調査できます。なぜなら、実際に歩いてみれば、目の前にある建物、お店、会社、そして通行者が見え、飲食店に入れば、利用者の職業・年齢・性別その他がわかるからです。これ以上正確なデータはありません。当然ですよね。

しかし、店舗をオープンする経営者が、現地を入念に調査しているケースはまれです。物件を見に行って、周辺を少し見てまわり、ちょっと周辺の競合店に寄る。現地にも数回しか行っていないのに、この程度の調査をして、お店をオープンしてしまうことが多いのです。これでは、どんなお客様が、どんな飲食店に行くのか、勘に頼っているとしかいえません。

確かに人口その他、数値データは重要です。しかし、現実のマーケット、現地を見なければわからないことがたくさんあります。

これからお店をオープンする人は、ぜひ現地の調査を自分でやってみてください。具体的な方法は次項より説明します。

立地の種類と一般的な特徴

立地の種類	特徴
駅前	駅を使う徒歩の客が多いため、アルコールが出やすい。人が集まる場所なので、潜在的なマーケットは大きい。反面、家賃や保証金が高いので、出店時は慎重に。ターゲット層は幅広い場合が多い。
ビジネス街	ランチ、仕事帰りの飲食のニーズが見込めるため、サラリーマン・OLをターゲットにした業態は成功しやすい。ただし、競合が多いので、いかに差別化するかがポイント。ファミリー層が少なく、日曜を休みにする店舗が多い。
繁華街	休日に人が集まりやすいため、レジャー要素のある飲食ニーズが比較的高い。駅前同様、家賃や保証金が高いので、出店は慎重に。メインターゲットは、カップルかファミリー。
商店街	メインターゲット層は、地元住民および中高年。とくに閉店したお店が目立つ古い商店街は、人口密度や商圏人口が少ないため、大きな売上は見込めない。見方を変えれば競合が少ないということであり、最初から「地域一番店」を狙う戦略がいい。
百貨店内	百貨店の集客力・ターゲット層、百貨店内での場所によって、特徴は変動する。百貨店客のニーズとの相性、周りの店舗との差別化がポイント。
商業施設内	基本的に百貨店と同様。商業施設への来客者にターゲットを絞ることで、リスクを低減できる。
丘陵地・山沿い	客のほとんどが車で来店するため駐車場の台数を確保。穴場的な存在となれば、繁盛店になることも多い。客数よりも客単価が勝負。
海沿い	大都市や幹線道路上をのぞいて、海沿いに大手チェーンはあまり出店してこないため、地域一番店を狙う戦略がいい。
国道・幹線道路沿い	客のほとんどが車で来店するため、駐車場の台数と駐車場への入りやすさが重要。店舗の視認性も重要で、看板・ファサード（正面から見たお店の構え）の充実が必要条件。
裏通り	通行量が少ない通りであれば、隠れ家的な存在として活かすか、独特の個性を持った店舗として成功を狙う。家賃は安いが、出店は慎重に。
高級住宅地	主婦層のニーズが見込め、ランチ（昼）・ディナー（夜）ともに高単価も可能。業態によるが、上品なおしゃれな店なら、成功率は高まる。
雇用促進住宅・市営住宅地	外食頻度はそれなりに高いので、リーズナブルな価格帯や割引を活用して集客可能。ただし、高単価・小ボリュームのお店は厳しい。

03 おさえておきたい「需要と供給のバランス」

では、現地を調査するうえで、最も把握しておきたいデータとはなんでしょうか？

それは、**「周辺エリアのおおざっぱな飲食需要の大きさ」**です。

出店を考えているエリアの、**需要と供給のバランス**に注目します。

「どのくらいの人が外食をしているのか？」という需要と、**「お店にどのくらい客席があるのか？」**という供給について、それぞれどの程度あるのかを把握するのです。

つまり、店舗物件周辺の類似業態のお店の席数と、実際にどのくらいの人が飲食をしているのかを数値で把握します（当然ですが、曜日や時間帯別に調査する必要があります）。焼肉屋での出店を考えているのであれば、焼肉屋には合計どのくらいの席数があり、お客様がどの程度入っているのか、調べるのです。

この「周辺エリアのおおざっぱな飲食需要の大きさ」を知ることについて、もう少しくわしく説明します。

一般的には、立地を調査する場合、ある1つの競合店の入店状況を継続的に調査します。

そして、その競合店の大体の売上を推測し、新店舗を出す場合の売上予測に活かします。このような「特定のお店に、どのくらい人が入っているか？」という調査は、いわゆる「点」の調査です。しかし、より重要なことは、「周辺エリアの類似業態の飲食店全体で、ある曜日のある時間帯にどのくらいの利用者がいるか？」を調べる必要があるのです。

つまり、「点」ではなく「面」の調査です。

確かにどんな店舗が集客しているかという点の情報はすごく大切なので、もちろん調べます。しかし、それより先に把握しておきたいのは面の情報です。つまり**「エリア自体の集客力」**であり、**「エリアの飲食需要の大きさ」**なのです。

いかに商品・サービス力があって、コストパフォーマンスの高いお店であったとしても、周辺エリアのそもそもの集客力がとぼしいと、大きな売上は見込めません。

例えば、新しい店舗候補の物件があるとします。特殊な集客要因のない金曜日の20時～21時の間に、物件周辺の類似業態の飲食店20店舗を調査した結果、合計で約５００人の集客があった。こんな程度の数値把握でＯＫなのです。

そして、その500人という数はどれほどの集客状況なのか？　つまり、各店舗が満席に近い状態なのか？　それともまばらな状態なのか？　これを把握します。

20店舗全体のそもそもの席数によって変わってきます。

例えば、20店舗合計の総席数が700席だったとします。この場合、エリア全体で700席のところに500人入っているわけですから、71％ほどの満席率です。これは相当「入っている」「集客できている」状態といえます。

逆に20店舗合計の総席数が1500席だったとします。この場合は、500人しか入っていないわけですから、33％ほどの満席率です。これは、「あまり入っていない」状態といえます。一般的に満席率は、満卓時の稼動率の意味合いで使われますが、ここでは客数÷席数として表現しています。

このエリアは、需要と供給のバランスから考えると供給過多といえる状況です。そもそものお客様の数に対して、総席数が多すぎるということです。

この500人という数と、**需要と供給のバランスをざっくりと把握しておくことが重要**です。ただし、現実的には、入っているお店と入っていないお店の差はかなり大きいので、需要と供給のバランスを判断することは難しい場合もあります。いずれにしても、500人という数が、複数の候補地を比較・分析するうえで1つのものさしになります。

エリアの飲食市場をざっくり把握する

1つ1つのお店の「点」の情報ではなく、
エリアの飲食市場の「面」の情報をつかむ

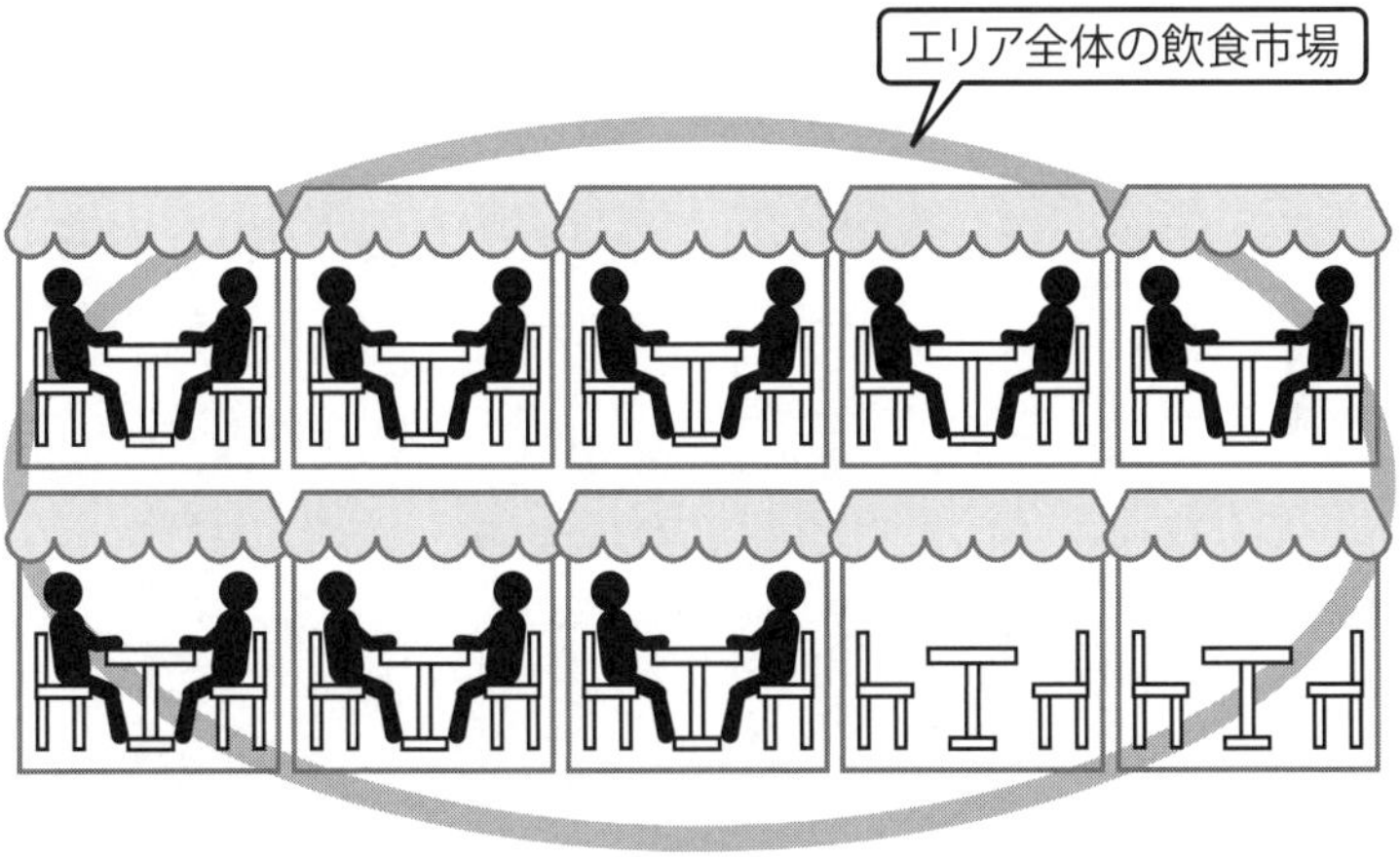

需要 どのくらいのお客様が外食しているか?

供給 どのくらいの席数を提供しているか?

$$※エリアの満席率 = \frac{実際に入っている客数}{エリアの店舗全体の席数}$$

需要と供給のバランス割合を把握しておく

※一般的に満席率は、満卓時の稼動率の意味合いで使われますが、ここでは客数÷席数として表現しています。

04 周辺に飲食店がまったくない場合は注意が必要

この市場調査をする際、類似業態のお店がエリアにない場合もあります。例えば、焼肉店をオープンしたいのに、周辺に焼肉店も焼き鳥店も居酒屋もないというケースです。

ここで、1つ注意してほしいのは、**「周辺にまったく飲食店がない＝チャンス」とはならない**ということです。こういうときこそ、慎重に市場の状況を見極めなければなりません。なかには、非常にリスクが高いケースもあります。

周辺に競合店がなければ、「まだ誰も出店していないし競合が少ないのでは？」と考えてしまいがちです。特に、一見すると立地がよさそうな場所なのに、競合店がない場合には要注意です。これまで、すでに何店舗か周辺でオープンしたものの、すべてつぶれてしまったというケースが考えられるからです。

これは、業態とそのエリアの飲食需要との相性が悪いパターンだと考えられます。このような立地の場合、たとえいいお店を出しても繁盛させることは容易ではありません。

他方、一見立地の悪そうな場所でも、逆に低リスクであるケースもあります。富山県富山市の四方という海沿いの町に「葉多舎《はたや》」という居酒屋があります。

このお店は、海のすぐそばに位置し、商圏分析するために半径2キロの円を描くと、お店の北方向は日本海が入り込んできます。一般的に、このような立地は、開業する商圏としては極めて不利とされ、大手チェーンやフランチャイズ店は、絶対に出店しません。

しかし、この葉多舎は地元のお客様で連日賑《にぎ》わっている人気店です。もちろん利益も、毎月かなり出しています。

なぜ、こんな場所で成果が上がるのでしょうか？

周辺を調べてみるとわかるのですが、葉多舎の周りには個人店の寿司店や小さなラーメン店などがあるだけで、周りにほとんど競合店はありません。

つまり、こういう立地では強い競合がなかったのです。ここで圧倒的なNO1を獲得することで、きちんと利益を残せるお店づくりができたのです。

競合の少ない住宅街や小さな街に出店し、地域NO1を目指すことも低リスクな開業戦略といえるのです。

ただし、周りに店舗が少ないというのは、そのエリア自体に飲食需要がない場合がありえます。慎重に開業戦略を検討したうえで判断するようにしましょう。

05 繁盛するかどうかはすでに結果が出ている

立地の特徴を見極めるために、非常に簡単な方法があります。それは、周辺で一番流行っているお店を見つけることです。周辺の競合店を調査し、最も流行っているお店を探し出してください。

例えば、駅前立地への出店を予定しており、周辺の店舗を調査した結果、最も流行っているのは客単価が４０００円程度の居酒屋だったとします。

まず、そのお店で食事をしてみます。そこで、商品・サービスを確かめます。その商品・サービスが、かつて体験したことがないほどすばらしいものであれば、そのお店は極めて特殊なお店です。ここは例外として、次に流行っているお店を調べてください。

その商品・サービスがそこまで優れたものでなければ、このお店の客層を調べてみましょう。客層を観察すると、スーツ姿の30代～50代の男性が多かったとしましょう。そうすると、この周辺で飲食店を最も利用する可能性が高い客層は、「スーツ姿の30代～50代の男性」という仮説が成り立つわけです。

そして、この仮説をもとにさらに調査を進めると、より実態が見えてきます。例えば、この周辺には、県庁や市役所など、役所や公共機関が多く、公務員が仕事帰りに飲みに行くエリアなのだとわかってくるのです。

実はこれは、富山県富山市のＪＲ富山駅前の立地の特徴です。

富山駅前には、駅からの徒歩圏内に県庁、市役所、その他施設があり、平日はスーツ姿の30代～50代の男性」、しかも「公務員で多少財布に余裕のある客層」が、多少単価が高くてもおいしいものを食べに居酒屋に出かけているのです。

富山駅前立地というエリアは、週末になると20代～30代カップルや若者たちが飲みに来る場所でもあり、平日と週末で客層が変わるという特徴もあります。ですから、富山駅前で最も流行っているのは、「おじさんでも若いカップルでも使える居酒屋」なのです。おじさんしか行けない大衆的なお店では、平日の売上しか見込めませんし、若い人しか入れない雰囲気のお店では、平日の客数が安定しません。

このように、**最も流行っているお店を探し出して観察することで、立地の特徴を簡単に**

把握できるのです。

では、こういう立地であなたがお店をオープンする場合、どういったお店をつくると成功率が高くなるでしょうか？

一番いいと考えられるのは、さきほど調べた「最も流行っているお店」と似ている店舗をつくることです。しかし、あなたのオープンしたい業態が居酒屋ではない場合はどうしたらいいでしょうか？

この答えは、実は簡単です。どんなお客様が多いかという、立地の特徴は把握できたわけです。つまり、平日は「スーツ姿の30代～50代の男性」が多く、週末は「20代カップルや若者たち」が多い。業態は違っても、極力この両方をターゲットにできるお店づくりをすることで、成功率を極大化できるのです。

流行っているお店には、それぞれ流行っている明確な理由があるものです。そこには、立地の特徴という要因が密接に関わっている場合が多いといえます。

ここで、多くの経営者が気づいていない非常に重要な事実があります。

それは、あなたがお店をオープンする前から、その立地ではさまざまな業態の店舗が店を出し、繁盛店を目指してがんばってきたということ。つまり、いろいろな業態が実証実験をして、**すでに実験の結果が出ているのです。**

「どんな店を出せば流行るのか？」
「どんなコンセプトが成功しやすいのか？」
「一番、失敗しにくい業態は何だろう？」

実はすでに、これらの答えがすべて出ているのです。しかも、その答えを見つけ出すことは決して難しいことではありません。大きなお金もかかりません。しかし、多くの経営者はこの答えを探すことなく、お店をオープンしてしまうのです。その結果、**他の店舗の実験結果がすでに出ているにもかかわらず、それを知らないがために失敗してしまう**のです。これは本当にもったいなく、残念なことです。私が、「なぜもう少し早く相談してくれなかったのか」といつも悔しい思いをする理由をご理解頂けるかと思います。

正しい調査をしていれば、大きな失敗は絶対に避けられるのです。

ここまでは、開業戦略のうち、エリアの特徴をつかむ方法を紹介しました。次からは、適切に売上を予測する方法を紹介します。

06

間違いのない売上予測を行う4つの手順

冒頭のプロローグにあったカジュアル・フレンチの失敗事例を思い出してください。たとえ質の高いお店でも、市場規模を読み違え、売上予測を大幅に間違えてしまうと、あっさりとつぶれてしまいます。

そこで、ここでは間違いのない売上予測を行う具体的な方法を紹介します。

この方法は、オープン直後にメディアに取り上げられる、大きなオープン販促を打つ、などの特殊なプラス要素をのぞいた「現実的な売上」を予測するものです。この現実的な数字を把握しておくことが大切です。

ちなみに、この方法は、席数50席～60席未満の小さなお店で最も効果的に機能します。小さなお店を開業予定の方は、ぜひ実践してほしいと思います。

07

予測手順1
周辺飲食店の入店状況を知る

まず、最初にすべきことは、周辺飲食店の入店状況を知ることです。そのためには、お店に行って確かめることが一番簡単かつ確実です。

具体的には、周辺飲食店のピーク時にお店に行き、客数を数えます。そして、同時間帯の周辺飲食店の客数をすべて調べるのです。

しかし、ここで1つ問題があります。よほどの大人数で調査を行わないかぎり、いちいちお店で飲食をしていては、数十店舗を一度に調査できません。だからといって、外から見るだけでは、どれくらいのお客様がいるのかはわかりません。

そこで、私が行っている方法は次のようなものです。

周辺飲食店に行って、「今度予約をしようと思っているんですが、何人まで入れますか?」と店員に尋ねるのです。そうすると、お客様としてていねいに対応してもらえます。店員にとっては、「大人数の予約を取れるチャンスだ!」となるので、お店が忙しくても、一番大きな部屋まで案内してくれたり、各スペースの間取りや席数を教えてくれたりするのです。

そして、**「席数」**について説明してもらったり、会話をしたりしている間に、**「客数」**を数え、**「客層」**もチェックするのです。

個室があるお店でも、「見せてもらっていいですか」といえば、案内してもらえます。「いま、お客様がいらっしゃるので……」といわれれば、席数を聞いて、それを客数として数えて全体の客数を把握するのです。

一般的に、予約をしないような業態（ラーメン店やカフェなど）の調査を行う場合は、同様に店内に入り、「すみません、夜は何時までやってますか？」や「ショップカードはありますか？」と聞いてそれについて答えてもらっている間に、客数を数えます。

この調査方法で、ほぼ正確な客数を把握できます。しかも、コストも一切かからず、わずか数分、見通しのいい小さいお店なら30秒程度で調査を終えることができます。

この調査方法なら、ピーク時の周辺飲食店の来客数を20〜30店調べることはさほど難しいことではありません。やろうと思えば、1人でも十分可能です。ただし、できるだけ同

予測手順1．競合店調査表を作成する

平日・週末・時間にバラツキがないようにチェックする。

候補地A　駅前エリア

店名	席数	客単価	定休	日付	曜日	時間	客数	おもな客層	日付	曜日	おもな客層
居酒屋A店	38	約3500円	月	7/7	火	20:00	18	中年男性 サラリーマン	7/10	金	中年男性 カップル
焼き鳥B店	21	約3200円	日	7/7	火	20:05	6	中年男性	7/10	金	中年男性
居酒屋C店	120	約3000円	無休	7/7	火	20:10	8	大学生	7/10	金	0代カップル 大学生
割烹居酒屋D店	32	約5000円	月	7/7	火	20:20	12	年配男女 サラリーマン	7/10	金	年配男女 中年男女
焼肉E店	62	約2800円	無休	7/7	火	20:03	4	20代カップル 大学生	7/10	金	0代カップル 大学生
中華居酒屋F店	56	約3000円	水	7/7	火	20:08	7	20代カップル サラリーマン	7/10	金	20代カップル サラリーマン
ダイニングG店	65	約2500円	無休	7/7	火	20:15	8	20〜30代 女性	7/10	金	婚式2次会
居酒屋H店	28	約2500円	月	7/7	火	20:22	15	中年 サラリーマン	7/10	金	中年 ラリーマン
合計	422						78				

実際に足を運んで、データを集める

じ時間帯の客数を把握したいので、10店舗以上調べる場合は、基本的には2名以上で行ったほうがいいでしょう。

そして、調査した各店舗の「客数」を上のような表にまとめます。あわせて、「客層」も観察して記録しておきましょう。

最低でも平日、週末のピーク時で2回は実施して、平日と週末の客数の違いや客層の違いを把握できるようにします。

先の事例で、富山駅前立地では平日と週末の客層が異なっているという話をしました。このように、同じ店舗でも、平日と週末の客層がガラッと変わることがよくあります。注意深く調べるようにしてください。

08

予測手順2

多い客層に着目、分析する

次に、手順1で調べたデータを分析し、周辺エリアの特徴を把握します。

しかし、分析といっても難しくありません。まずは調査結果の表を見て、周辺エリアで一番多い客層、最も流行っているお店を見つけてみてください。

客層に着目し、サラリーマンが多いのか、若いカップルが多いのか、地元の住民で幅広い年齢層が来店しているのか、その特徴を見出してください。そして、最も流行っているお店には、どんな客層が、どんな目的で、来店しているのかを考えてみましょう。

例えば、先の富山駅前立地では、平日はスーツ姿の30代～50代の男性が多く、仕事帰りに飲みに来ていることがわかってきます。

そして、どんな客層が多いのかを把握できれば、次に、**「なぜ、この客層が多いのか?」**という理由を探してみることです。例えば富山駅前立地では、周辺にオフィスビルが多く、多くの会社員が働いているということ。さらに、富山県庁と富山市役所など、徒歩圏内に複数の役所があり、たくさんの人が働いているという理由が見えてきます。

予測手順2．競合店調査表を分析する

客層を分析すれば、人の集まるところと人の流れが見えてくる

候補地A　駅前エリア

店名	席数	客単価	定休	日付	曜日	時間	客数	おもな客層	日付	曜日	おもな客層
居酒屋A店	38	約3500円	月	7/8	火	20:00	18	中年男性 サラリーマン	7/10	金	中年男性 カップル
焼き鳥B店	21	約3200円	日	7/8	火	20:05	6	中年男性	7/10	金	中年男性
居酒屋C店	120	約3000円	無休	7/8	火	20:10	8	大学生	7/10	金	0代カップル 大学生
割烹居酒屋D店	32	約5000円	月	7/8	火	20:20	12	年配男女 サラリーマン	7/10	金	年配男女 中年男女
焼肉E店	62	約2800円	無休	7/8	火	20:03	4	20代カップル 大学生	7/10	金	0代カップル 大学生
中華居酒屋F店	56	約3000円	水	7/8	火	20:08	7	20代カップル サラリーマン	7/10	金	20代カップル サラリーマン
ダイニングG店	65	約2500円	無休	7/8	火	20:15	8	20〜30代 女性	7/10	金	婚式2次会
居酒屋H店	28	約2500円	月	7/8	火	20:22	15	中年 サラリーマン	7/10	金	中年 ラリーマン
合計	422						78				

客層を分析して、人が集まる場所とその流れをつかむ

ここで注目してほしいのは、その周辺エリアの**「人が集まる場所」**です。富山駅前立地で単価4000円程度の居酒屋が流行っているという例をあげましたが、この特徴をつくっている「人が集まる場所」は、県庁や市役所などの役所です。

県庁や市役所で勤務したり、仕事、または個人で来る人は最低でも1日に数千人、多ければ数万人単位となります。

ほかには、学校、大型ショッピングセンター、レジャー施設、繁華街、ビジネスビル、団地、大型マンションなども「人が集まる場所」としてチェックします。

そして、「なぜ、この客層が多いのか？」という理由がわかれば、大体の特徴を把握できたことになります。

09 予測手順3
競合店の売上予測を立てる

次に、競合店を細かく調査します。

まずは周辺飲食店のなかから競合となる店舗をピックアップします。例えば、手順1の調査で周辺30店舗の集客状況を調べたとします。そして、あなたが居酒屋を出店したいなら、30店舗のなかで居酒屋だけを拾い出し、コンセプトが似ている店舗を選びましょう。

例えば、周辺に居酒屋が10店舗あり、似ているお店が3店舗あれば、その3店舗をさらにくわしく調査していきます。実際に店舗に行って食事をして、商品・サービス力、詳細な客層、席数、客数、客単価、売りのメニューなどを調べます。3～5店舗ほど調べれば、人気のある店、ない店がわかってきます。

そして、あなたがお店をオープンした場合、商品・サービス力において3店舗中、どのあたりに落ち着くのかを比較して考えてみてください。あなたのお店は圧倒的な1位になれるのか、それとも2位程度ならなれるのか？　ここはあくまで客観的に考えてみてくだ

予測手順３．周辺競合店を分析する

店名	座席	立地	営業力	商品サービス力	売上
A	50	△	○	◎	600万円程度
B	38	○	○	○	400万円程度
C	50	△	△	△	300万円程度

【解釈】
・A店は、商品・サービス力が高い。立地はそれほどよくないにもかかわらず、B店の売上を超えている。
・B店は、平均点が高くバランスがいい、C店は平均点が低くいまひとつ。

自分で足を運んで、見て、聞いて、味わって判断する

さい。他人の意見もぜひ参考にしてみましょう。

それらの競合店の集客状況、集客人数は、あなたのお店の見込客数と深い関連性があります。つまり、似たような客層をターゲットにし、同レベルの商品力の競合店が平日でも満席ならば、あなたのお店も同じような状況を実現することは、決して難しいことではありません。逆にどの店も週末は入るが、平日はガラガラだったとします。そうなるとよほどの差別化を図らないかぎり、あなたのお店も平日は暇になることが予想できるのです。

これが「すでに答えは出ている」という現実です。

では、次に各競合店の売上を予測してみてください。

特に客層、メニュー内容、客単価が似通っている店舗の売上を予測することが重要です。平日、週末のピークタイムに調査を行った結果はすでにわかっています。できれば、平日、週末ともに3~5日間は集客人数をチェックしたほうが正確なデータがわかってきます。もし、時間に余裕があるなら、平日と週末の1日ずつは、営業時間中、店頭で入店人数をチェックすると、さらに正確な売上を予想することができます。

そして、平日の大体の客数に自分が食事したうえで予想できる客単価をかけ、さらに平日の営業日数をかけます。週末も同様のかけ算を行い、それらを合計したものが競合店の売上予測になります。


大きな開発会社や調査会社から情報を買えば、周辺競合店の売上データはある程度まで入手できます。くわえて、ある立地で開業した場合の売上予測も出してくれます。しかし、その方法はあまりすすめません。

彼らのビジネスモデルは、開業した時点で儲かる仕組みになっています。つまり、開業後に繁盛するか、成長できるか、ということよりも、まずは開業を実現することを優先しているケースが多いのです。売上予測も、机上のデータによる場合が多いのが実情です。

いい加減な売上予測といわざるをえません。もちろん、きっちりした会社もあるので、ともに成長しましょうというスタンスがあるかどうかも、見極めるようにしましょう。

私のすすめる売上予測は、その点、実際に足で稼ぎ、頭で考えている、という特徴があり、決していい加減なものではありません。ぜひ実践してほしいと考えています。

売上予測は、周辺競合店の大体の売上と商品・サービス力がわかれば、大丈夫です。重要なことは現場に行って、見て、聞いて、感じて、味わってくることです。数値だけのデータでは気がつかない情報が、現場では大量に存在しているのです。

あなたのお店にとって非常に重要な「使える」データを集めることができるのです。

10

予測手順4

自店の売上予測を行う

競合店の売上予想ができた後で、最終手順として、自店の売上予測を行います。

例えば調査の結果、客層、メニュー内容、客単価が近い競合店が3店舗あったとします。次ページの表のように、各店舗の座席数と立地、営業力、商品・サービス力、売上予想を比較してみましょう。なお、ここでの営業力とは、広告・販促をきちんと行っているかという評価です。

一番売上の大きいA店は商品・サービス力がかなり高いですよね。同じ50席でも、営業力、商品・サービス力がさほどではないC店と比べると、2倍の売上があります。

それでは、自店がお店を出す場合はどうなるでしょう？　各店舗の実態と比較しながら、売上予測をしてみましょう。

ただし、ここで気をつけるべきことは、売上予測を考える場合、まずは最低ラインの売上を想定することです。そして、**最低ラインの売上でも黒字になるような数値計画を組む**

予測手順4．自店の売上を予測する

店名	座席	立地	営業力	商品 サービス力	売上
A	50	△	○	◎	600 万円程度
B	38	○	○	○	400 万円程度
C	50	△	△	△	300 万円程度
自店	50	△	○	○	?

【自店との比較・分析】

- 売上 600 万円程度は難しい。A店ほどの商品・サービス力はない。
- 売上 300 万円以上は可能。C店とは、席数は同じだが、営業力と商品・サービス力は高いので、最低ラインとして、350 万円程度は見込める。
- B店と比べると、立地は劣るが、席数が多い。400 万円程度は可能。

⇩

最低ラインの売上予測：350万〜400万円程度

ことが大切です。最低ラインより大幅に売上が上がることはまったく問題のないことだからです。

よく机上のデータのみで売上予測を行う場合、「よかった場合」「想定値」「悪かった場合」などのように3つのパターンを提示することがあります。この「悪かった場合」というデータは、単に「想定値」から一定の割合（20％ダウンなど）を差し引いているだけのまったく意味のない数値です。

しかし、正しい調査をして出した最低ラインの売上予測は、現場の生の実態にもとづいて出した数値です。根拠のある数値であるため、非常に信憑性《しんぴょうせい》があるわけです。

では、先の事例から具体的に自店の売上予測をしてみましょう。

自店の評価が、前ページの図のような結果であった場合、最低ラインの売上は350万～400万円の間に落ち着くだろうと予測できます。

C店とは席数は同じですが、営業力、商品・サービス力において上回っています。よって、C店と同じ売上になることは考えにくいです。

B店は自店より立地がいいため、席数の差があっても絶対に勝てるとは断言できません。いまのままの商品・サービス力では、A店の600万円を超えることはできません。600万円を目標にする場合は、営業力である広告・販促費をどんどん投下して売上を上げるか、商品・サービス力をA店のレベルまで上げないと難しいはずです。つまり、最低で350万円、よくて500万円台という予測を立てられます。

以上がマーケットの現実から想定できる売上なのです。よく考えてみると、当たり前のことですよね。しかし、現実に出店する経営者が立てる売上計画は、600万円であったり、700万円であったりするわけです。失敗するお店のほとんどが、周辺エリアの飲食需要の大きさ、そして、競合と比較した自店の力を過大評価して、売上予測を間違えているのです。

この予測手順に従えば、間違いの起こりにくい売上予測ができます。

11 ネットや雑誌上にいい物件はない

ここからは出店戦略のうち、「どんな物件を選ぶか」を考えていきましょう。

いい物件を探すために、まずは不動産業界の特質を知っておく必要があります。

最近はインターネットなどで物件情報が多く出回るようになり、一見、不動産業界もデジタル化されつつあるような印象があります。

しかし、**不動産業界は、非常に閉鎖的かつアナログな業界**です。本当にいい物件や誰もがほしがるような物件は、ネットや雑誌、不動産業者のチラシなどに掲載され、多くの人の目にふれる前に決まってしまうケースがほとんどです。

いい物件が出ることがわかった段階で、不動産業者はまず自分の知っている人脈の中で、候補者を探しはじめるのです。この時点では、人と人との間で情報が行き交うだけです。書面になっているケースはまれで、ほとんどが口頭での情報伝達になります。

そして、その人脈から候補者が見つからない場合に限り、広く募集をはじめることになるのです。つまり、**ネットや雑誌、不動産業者のチラシなどに掲載されている物件は、すでに何人かが検討した結果、誰も入居しなかった物件である可能性が高い**のです。

このような特質をもつ業界である以上、いい物件を探すためには、不動産業者の幅広い人脈のネットワークに入るか、すでにそのネットワークに入っている人と人間関係を築いておくことが一番効果的です。

以下に3つの具体的な方法を紹介するので、参考にしてください。

1．不動産業者に足しげく通い、直接、人間関係をつくる

ただ単に物件を探している客と同じでは印象にも残りません。きちんと自己紹介をして、どんな場所でどんなお店をしたいのか、そして、自分の連絡先を伝え、いい物件があれば、知らせてくれるようにお願いしておきます。大事なのは、誠実に熱意をもって何度も訪問し、相手に気に入ってもらうことです。いい印象で人間関係を築くことができれば、優先的に連絡をもらえることもあります。

2. 各業者に伝えておく

不動産業者に物件情報が入り、見込客がいなかった場合、業者はまず同業者、懇意にしている内装業者、金融機関などに連絡をします。各業者の担当者に物件を探していることを伝えておき、連絡をもらえる状態にしておきます。

力のある内装業者は、地元の不動産業者と密接な関係をもっており、情報が入りやすい立場にあります。ただし、物件を紹介してもらう以上、その業者からの提案を断りづらいこともあるので、事前に注意が必要です。

金融機関は、事前に撤退情報や「物件を売りたい人がいる」という情報を握る立場にあり、厨房機器のリサイクル業者は、撤退するお店をいち早く知る立場にあります。これらの業者の担当者と人間関係を築き、物件を探していることを伝えておくと効果的です。

3. 入居したい物件、土地に目を付けておく

計画的に店舗を増やしていきたい人や、調査する時間の余裕がある人は、エリア調査を綿密に行い、事前に狙い目を付けておく方法もあります。

例えば、オープンしたい業態と相性の合う「いい立地」を見つけたとします。その立地周辺で空いている物件や土地がないかを探したり、撤退しそうな飲食店に目を付けておい

たりするのです。

そして、その立地エリアで有力な不動産業者を探しておき、狙いを付けた土地や物件が空きそうになったら知らせてほしいとお願いしておくのです。不動産業者には縄張りのようなものがあり、エリアごとに力をもつ特定の業者がいます。その業者であれば、人脈も豊富で交渉力もあるので、物事が実現しやすくなるのです。

紹介した方法以外にも、いい物件を探す方法はあります。

どの方法で探すにしても大事なことは、**「足を運ぶ」のを面倒くさがらないことと、できるだけ多くの関係者に「物件を探している」ことを知らせておく**ことです。そして、時間的な余裕をもっていい物件を探しましょう。

12 物件選びで家賃より優先すべきもの

超低リスク開業法において、家賃が安いことは非常に重要です。しかし、その条件だけで物件を決めてはいけません。他の物件や相場と比べて家賃が安い、という理由だけを基準に判断するのは、間違っているといわざるをえません。

物件を決める条件として、何を優先すべきかを考えるべきなのです。

家賃は最優先事項ではありません。

最も優先すべきことは、あくまで**「集客できるかどうか？」**です。つまり、前述したような「店舗とお客様の需要との相性」、「実際の競合店の売上実績」を判断材料として最重視すべきです。

いくら家賃が安くても、自店に来てもらえるお客様がいない場所でお店を開いていては、集客が思うようにできず、結局利益を残すことはできません。まさにリスクそのものなのです。

さらに、家賃と売上予測バランスを見極めることも大切です。

家賃は売上の6~8%が理想的な数値です。きちんと売上を見込むことができ、家賃が低ければそれに越したことはありません。想定した売上予測に対して、家賃の占める割合が高いか、低いかを事前にチェックしてください。

大家さんとの家賃交渉をするために、周辺エリアの家賃の相場を知っておくことは必要です。しかし、物件を決めるうえで、周辺の家賃相場との比較にたいした意味はありません。あくまで想定売上との比較で家賃が高いか安いかを判断するようにしてください。

不動産物件を選ぶ際に、最優先すべきものは、家賃ではなく、店舗とお客様の需要の相性なのです。

13

居抜き物件でチェックすべきポイント

今後の飲食業界は、さらに厳しい経営環境になると予想されます。撤退・廃業が増え、どんどん**「居抜き物件」**が出てくる時代となります。居抜き物件とはいわゆる中古物件のことをさし、前に借りていたお店をそのまま借りて、最初のコストを抑えます。

そこで、居抜き物件で注意する3つのポイントを書いておきます。

1. 大規模工事が必要かどうかを見極める

居抜き物件の最大のメリットは、初期投資が抑えられることです。せっかく居抜き物件を見つけたのに、「結局工事費にかなりお金をかけてしまった」という話がよくあります。まずは、厨房まわりにどれだけの工事が必要なのかを見極めることに注意を払いましょう。

2. 前店舗がつぶれた原因をきちんと把握しておく

前にあった飲食店が撤退・廃業することになった理由を把握しておいてください。この際、注意するべきことが2つあります。

1つめは、**大家さんや不動産業者からの言葉だけを鵜呑《うの》みにしない**ことです。当然、彼らはあなたに入居してほしいのですから、いわなければわからないようなマイナスの情報はあえて伝えない可能性もあります。

2つめは、**立地的に大きな問題がないか、その根本的な原因を探る**ことです。あなたの住む街にも、「いい場所なのになぜかすぐにつぶれるお店」があるでしょう。これらのケースでは、物件の視認性（見え方）が悪かったから、交通状況で入店しにくかったから、など気づきにくい理由が潜んでいることが多いのです。

この2点に特に注意が必要なのは、自店の業態と前店舗の業態が同じ場合です。例えば同じラーメン店で、設備がそのまま使えて、安くオープンできるケースです。初期投資が安くあがるのは、飛びつきたくなる条件ですが、こういうときこそ注意が必要です。周辺の調査を行ってから判断しましょう。まわりに住む人に話を聞くことも大切です。

3. 店舗の外観を変える工夫をする

居抜きの飲食店の場合、周辺を通る見込客は「あ、違うお店ができた」ということで、いろいろな口コミをします。その際、具体的にどんなお店ができた、ということを正確に

居抜き物件でチェックするポイント

❶ どの程度、工事が必要か？

居抜き物件のメリットは費用を低く抑えられること。結果的に、コストが高くなってしまう場合があるので、注意が必要。

❷ 前店舗がつぶれた原因は？

きちんと理由を把握しておかないと、同じ目にあうことも。前の業態と同じなら、なおさら注意が必要。

❸ 店舗の外観を変える工夫ができるか？

「あ、違うお店できた」と口コミが広がるように意識する。

伝えてもらえるような外観でなければなりません。例えば、新しいお店に変わったのに、店舗の外観を変えずに営業をはじめて、新しいお店の、業態がよくわからないという状態では、非常に不安が残ります。

ここでの外観とは、看板・ファサード（お店の正面から見た構え）も含めたうえでの外観です。ひと目でお店が変わったことに気づき、業態、商品がわかる外観づくりを心がけましょう。

居抜き物件の購入を考える際には、「店舗そのままオークション」というサイトがおすすめです（ＵＲＬ http://www.sonomama.net/）。

このサイトでは、現在営業しているオーナーから、内外装や設備が付いたままのお店を直接購入できます。「お店の売却を検討している」早い段階での情報が手に入るというメリットがあります。居抜き物件を検討している人は、一度サイトを見てください。

居抜き物件を検討する際には、この項目で説明した3つのポイントを意識しましょう。

次ページに「改善点発見シート」を載せたので、立地調査だけでなく、お店をすでに開いている人も、自店のチェックに利用してください。

周辺店舗の集客が最も多い曜日	平日	週末	日曜・祝日
貴店の集客が最も多い曜日	平日	週末	日曜・祝日

※違いがあった場合、ターゲットの違いで曜日の違いがあるのかもしれません。
また、競合に集客されているか、または集客について、さらなる強化を見込めると考えられます。

例．上段「週末」下段「平日」。週末の集客を増やせるチャンスがあるかもしれません。

周辺店舗の最も集客の多い時間帯	モーニング	ランチ	14時〜16時	17時〜19時	19時〜21時	21時〜23時	23時〜翌1時	1時以降
お店の最も集客の多い時間帯	モーニング	ランチ	14時〜16時	17時〜19時	19時〜21時	21時〜23時	23時〜翌1時	1時以降

※ 違いがあった場合、時間帯を見直す必要があるかもしれません。逆に独占できているということも考えられます。
例．上段「23時〜翌1時」下段「19時〜21時」。営業時間を伸ばすことも検討してみましょう。

集客ポイント	ない	ある	多い
来客者数	ない	ある	多い

※違いがあった場合、その集客ポイントから来店されていないということです。原因を探る必要があります。
例．上段「ある」下段「ない」。娯楽施設からの販路をつくることを検討してみましょう。

お店の前の通行量	少ない	ほどほど	多い
新規客の割合（来店客10組中○組が新規）	少ない	ほどほど	多い

※ 違いがあった場合、お店の店頭集客が不足しているのかもしれません。お店はわかりやすい形でアピールされていますか？

外観のイメージ（業態）	
お店の業態	

※違いがあった場合、新規来店者を取り逃がしているなど、機会損失をしている可能性があります。
例．上段「喫茶店」下段「洋食」。洋食を食べたい人を取り逃がしている可能性があります。

外観のイメージ（雰囲気）	賑やか	大衆的	気軽	落ち着いている	静か	高級
お店の雰囲気	賑やか	大衆的	気軽	落ち着いている	静か	高級

※違いがあった場合は、そのギャップをプラスに転換できるようにする必要があります。
例．上段「落ち着いている」下段「気軽」。実際より「入りづらい」イメージをもたれている可能性があります。

外観イメージ（客単価）	1000円以下	1001円〜2500円	2501円〜4000円	4001円〜5000円	5001円以上
お店の客単価	1000円以下	1001円〜2500円	2501円〜4000円	4001円〜5000円	5001円以上

※ 外観イメージより実際の客単価が高い場合は不満に繋がる可能性があり、安い場合は機会損失の可能性があります。

改善点発見シート

このシートは、お店の現状と、エリアの飲食市場の状態を見比べ、改善すべき課題を浮き上がらせてくれるものです。課題を抽出し改善することにより、エリア飲食市場にあったお店の方向性を再度考え直し、さらに売上を上げることを目指しましょう。

シートの使い方

1. 各項目に対して2段の枠があります。上段はお店周辺の飲食市場、下段はあなたのお店の枠となります。
2. まず、上段の一番左の問いに対して、右の中から1番あてはまるものに○をつけます。下段も同様にします。

※注意：上下段とも、実際に何回か調べて○を付けて下さい。ここが間違っていると、シートの意味がありません。

3. 上段と下段の○の位置がずれている場合、課題やさらなる目標として浮かび上がってきます。（必ずしも課題であるとは限りません）
4. 課題や目標が浮かび上がった項目に対して、対策を検討してみましょう。

例

お店の前を通る層（歩行者・車など）	中高年男性	中高年女性	男性サラリーマン	OL	学生	カップル	ファミリー	旅行客
来店客層	中高年男性	中高年女性	男性サラリーマン	OL	学生	カップル	ファミリー	旅行客

この事例は、イタリアンのお店の平日ランチ時のものです。改善前は、中高年女性向けのラインナップで、男性サラリーマン、OL向けのランチは扱っていませんでした。改善として、平日のみ、８５０円のランチをはじめたところ、ランチの集客数が3倍近くになりました。

〜実際に改善点を発見しよう〜

お店の前を通る層（歩行者・車など）	中高年男性	中高年女性	男性サラリーマン	OL	学生	カップル	ファミリー	旅行客
来店客層	中高年男性	中高年女性	男性サラリーマン	OL	学生	カップル	ファミリー	旅行客

※違いがあった場合は、ターゲットを増やす、またターゲット自体を変更することも検討してみましょう。

例．上段「男性サラリーマン」下段「ファミリー」。お昼のランチをサラリーマン向けにする。
例．上段「ファミリー」下段「学生と男性サラリーマン」。ファミリー向けやお子様向けのメニューを作る。

お店の前を通る通行者の年齢層	10代〜20代前半	20代後半〜30代	40代〜50代
来店客の年齢層	10代〜20代前半	20代後半〜30代	40代〜50代

※違いがあった場合は、ターゲット以外の客層を獲得する必要がないか、検討してみましょう。
またコンセプト自体が飲食市場からずれている可能性もあります。

例．上段「４０代〜５０代」下段「２０代後半〜３０代」。中年女性向けのメニューを取り入れる。

周辺店舗の集客状況	低	中	高
貴店の集客状況	低	中	高

※違いがあった場合は、何か原因があるはずです。あなたのお店と他店の違いを細かく見ていきましょう。

例．上段「高」下段「低」。立地とお店の相性が悪い可能性があります。

第1章 まとめ

出店戦略での間違いとチェックポイント

立地をなんとなく決めてしまう！

- □ 需要があるかどうかを見極めて判断する
- □ 実際に足を運んで、エリアとお客様の需要のバランスに注目する
- □ 競合がいない理由をきちんと調べる
- □ 最も流行っているお店の立地の特徴を分析する

市場規模を読み違える！

- □「現実的な売上」を予測する
- □ 周辺飲食店の入店状況、席数、客数、客層をチェックする
- □ 客層に着目。なぜ多いのか、どこから来るのか？
- □ 似たコンセプトの競合店を分析し、売上予測を立てる
- □ 自店の売上予測をし、最低ラインでも黒字になるように数値計画を立案する

ネット、安い賃料、居抜き物件というだけで物件を探す！

- □ 業者との関係性をつくって探す
- □ 安い賃料より、十分に集客できるかどうかを最優先に
- □ 居抜き物件は改装工事がどの程度必要か見極める
- □ 居抜き物件は前の店舗がつぶれた理由を探る
- □ 居抜き物件は外観を十分に工夫できるかどうかをチェックする

第2章

適正な大きさを見つけ出す超低リスクの店舗規模戦略

店舗規模は、大きすぎても小さすぎても、それぞれリスクがあります。規模によるメリット・デメリットを明らかにしたうえで、自店に合った適正規模の探し方を紹介します。

01 店舗は大きすぎでも小さすぎてもダメ

「超」低リスクで開業し、店舗を着実に成長させていくには、自店に合った店舗の規模で経営していくことが重要です。

店舗規模が「大きすぎる」ことは、低リスクで開業するうえで、非常に不利な条件となります。一方、店舗規模が「小さすぎる」こともよくありません。自店にとっての適切な店舗規模を知る前に、店舗が大きいことのメリットとデメリットを整理してみましょう。

まずは、店舗が大きいことで得られる5つのメリットを見ていきましょう。

1．大きな売上を計上できる

店舗が大きく、席数が多ければ、ピーク時にたくさんの人に来店してもらえます。大人数の予約にも対応できるため、結果として売上を大きくできる可能性が高いといえます。

2．さまざまな販促に取り組める

大きな売上が見込めるなら、大きな販促費をかけられます。小さな店舗ではあきらめてしまう販促も実施できるようになります（ただし当然ですが、費用対効果を検討する必要があります）。

3．店舗が目立つ

大きいお店はやはり目に付きます。前の道路を通行する人から見て、大きなお店はそれだけで目立つので、結果として「あの通りにレストランができたよね」というふうに、口コミになり、認知度が高まる可能性も高いといえます。

4．大きな「組織」をつくることができる

小さな店舗ではスタッフ数が限られているため、組織としての動きはさほど必要ありません。大きな店舗では、店長、料理長、フロアスタッフ、調理スタッフ、営業担当など、組織をつくってチームワークで店舗運営ができます。くわえて、経営者が現場に出なくて済む可能性が高まります。

5．経営者や社員にとって誇りになる

大きいお店は経営者のみならず、そこで働くスタッフの自慢となります。経営者にとっては、大きい店をやっていることで、周りの人から評価されるという事実があります。

次に、店舗が大きいことで被るデメリットを見ていきましょう。

1．初期投資が大きい

どうしても、初期投資にお金がかかります。最初の借入額が大きいと、返済に年数がかかるばかりでなく、売上が少ない場合は資金繰りに大きな負担がかかってきます。大きな収益を得られる可能性がある半面、失敗した場合の損害は大きなものになります。

2．家賃が高い

大きな売上を見込める反面、家賃が高くなります。家賃は売上にはまったく関係なく、毎月一定額支払わなくてはならない固定の費用（固定費）です。

3. 人件費が高い

店舗が大きければ、それだけ人手がかかります。集客状況に合わせてアルバイトの人数も変わりますが、人件費は家賃同様、基本的には固定費として考えるべきものです。

4. 光熱費が高い

店舗が大きいほど、電気代、ガス代などがかかります。特に空調は、来客がなくても常に適温を保っておく必要があります。また、看板や店内の照明も同様です。

5. 経営知識がないと生き残れない

大きな店舗である以上、先に紹介したような固定費がかかります。つまり、大きな売上を計上し続けなければ、運営を続けることはできません。そのためには、高い売上を維持するための全般的な経営知識が必要不可欠です。

以上が店舗が大きいことのおもなメリット、デメリットの概要です。

では、次から、いま紹介したなかで、与える影響がとくに大きい、売上、初期投資、家賃、人件費、光熱費についてくわしく見ていきましょう。

02

店舗規模が与える影響1

「売上」

店舗の規模が与える最も大きな影響は、売上の大きさです。

売上は単純にいうと、

売上＝客単価×客数

という式で算出でき、基本的には、このどちらかを大きくするのが、売上を上げる方法となります。

店舗が大きければ、「客数」が増えるので、基本的には売上も大きくなります。さらに、立地もいい場所を選ぶことが多いため、売上は高くなります。

くわえて、宴会可能な業態であれば、数十人規模の宴会予約を取れる可能性が高まります。結婚式の二次会、大きな会社の忘年会、大型パーティーなどがその一例です。

つまり、客数を大きくする土壌があるということですから、店舗規模の大きさは売上を上げる大きな武器になりえるわけです。

03

店舗規模が与える影響2「初期投資」

店舗規模が大きくなれば、売上が大きくなりますが、初期投資も大きくなります。

初期投資とは、お店を開く際に必要になる費用のことです。具体的には、建物の建築費や改装費、土地の取得費、最初に払う敷金・礼金、保証金などが含まれます。フランチャイズに加盟した場合は、さらに、加盟料や保証金が発生します。くわえて、人材確保のための費用やオープン販促費、最初の仕入れや当初の運転資金なども、初期投資として見込まなければなりません。こう考えていくと、初期投資は非常に大きな金額となります。大きな初期投資は、経営上、大きなリスクになります。

その1つめは、借入が大きくなることです。

初期投資をすべて自己資金でまかなうことは、ほとんどありません。自己資金で半分準備できれば、上出来です。その他のお金は金融機関からの借入で準備することがほとんどです。では、借入が大きくなると、なぜ問題があるのでしょうか？　具体的な例で考えてみましょう。

例えば、初期投資に5000万円かかるため、自己資金で1000万円を準備して、残りの4000万円を金融機関から借入するとしましょう。4000万円を借入して、金利を仮に2％、返済期間を10年間とすると、一般的な返済方法を使うと、月々の返済額は約33万～40万円になります。

つまり、毎月33万～40万円ずつ返済して、丸々10年かかります。もし、経営者の現在の年齢が35歳であった場合、10年返済ならば、完済時に45歳になっています。

それだけ長期的な経営をし、借金を返済できるだけの利益を生み続けていく必要があるのです。この話をすると、「いや、もっと短期間で返せるような戦略・戦術でやりたい」という人がいますが、それは簡単な話ではありません。例えば、5年ですべて返済しようという計画を立てると、月々の返済額は70万円を超えます（通常の飲食店の利益率から考えても、月に800万～1000万円以上の売上を上げなければ、70万円の返済は現実的に難しいはずです）。

つまり、**借入額が増えることで、資金繰りを圧迫する可能性が高まってしまう**のです。返済のために資金繰りが苦しくなることは飲食店経営者にとっては避けがたい宿命です。覚悟して開業しなくてはなりませんが、やはり返済額が大きすぎると、たくさんの問題が発生します。

例えば、

- ちょっとした問題（売上が下がる、予定外の経費がかかるなど）で現金が不足する
- 返済のためのお金の工面に走り回り、店に目がいかない、ほったらかしになる
- 高い金利の借金をしてしまう
- お金の工面に追われて、ストレスがたまる。眠れない

といった問題があります。

どうですか？　それぞれ怖い問題ですが、これが現実です。

借入が大きいということは、万一失敗した場合の取り返しがつきません。経営者の年齢が若ければ、たとえお店をつぶしても、2000万円ほどの借金はなんとかなります。しかし、お店をつぶして4000万円、5000万円の借金を負ってしまうと、なかなか返済できません。他人の力を借りるか、一発逆転で新事業を起こすしかありません。

飲食店の経営者が自己破産したり、夜逃げしたりすることが多いのは、大きすぎる借入

を行った結果、返済しきれなかったというケースが多いのです。

いかがでしょうか？　店舗規模が大きいことにより、初期投資が大きくなってしまうことのリスクが理解できたかと思います。

しかし、何度もいっているように、ただ単純に店舗規模や初期投資が「小さければいい」ということではありません。飲食需要の大きさや売上予測に対して、「大きすぎる」ことが問題だといっているのです。

売上予測を正確に立てて、お客様の需要とのバランスを強く意識する必要があります。

04 店舗規模が与える影響3「家賃」

店舗規模が大きい場合、必然的に家賃が高くなります。家賃は、いったん決まると「下げることが大変難しい」経費であり、最初に低くしておきたいコストです。

家賃を下げるには、大家さんと交渉するしか方法がありません。交渉の末、家賃が下がる場合もあるのですが、そう簡単ではありません。

「家賃を下げるくらいなら、出て行ってもらっても結構」と強気の対応をされる場合もあります。大家さんにとっては、家賃を下げることは最も嫌なことなのです。なぜなら、物件の商品価値がまったく変わらないのに、ただ値下げをすることになるからです。

しかも、いったん下げると、毎月の売上が継続的に減っていきます。1か月では数万円でも、1年、3年と継続していくと莫大な金額の売上が減ることを意味します。それだったら、いまのうちに出て行ってもらって、別の強いお店に変わってもらったほうがいい、という考えもありえるわけです。

よって、ただ単に「売上が厳しいから、家賃を下げてくれ」では、取り合ってもらえないことが多いのです。

逆にいえば、お店の都合をいうのではなく、物件という商品価値そのものについて交渉したほうがいい場合が多いのです。


例えば、次のようなことを話してみます。

・世間的な相場で見て、家賃が割高じゃないか？
・入居したときと周りの環境が変わっているので、今の家賃は割高じゃないか？
・入居したときより物件が老朽化しているので、安くならないか？

つまりは「いまの家賃の割には、商品価値が低いのではないか？　だから値下げしてほしい」と論理的に交渉するほうが受け入れられる可能性が高いのです。

前述したように、家賃は一般的に店舗規模に比例して大きくなります。大きな店舗を開業する場合、店舗の大きさに見合った家賃を支払う必要があります。

家賃が下がりにくい固定費である以上、家賃分をカバーできる売上がないと、赤字になってしまいます。家賃は、開業する際に、最初に下げておきたいコストです。

05 店舗規模が与える影響4
「人件費」

店舗規模が大きいと、お店の運営に人手がかかります。
例えば、一度に大量の注文が入ると、それだけ多くのキッチンスタッフが必要になります。もちろん、お店が広いと、多くのフロアスタッフが必要になります。

飲食店のなかには、店長以外はパート・アルバイトで運営しているお店もあれば、逆に正社員比率が高いお店もあります。基本的に正社員の給料は固定費なので、店舗規模が大きく社員が多ければ、大きな固定費が発生することになります。
「うちは社員が店長1人だから大丈夫！」という場合でも、それなりの人件費は覚悟しなければなりません。

例えば、お客様がたくさん来店された場合は、アルバイトの頭数が絶対必要です。しかし、逆にお客様がほとんどいない状況で、スタッフが大勢いるというのは、「ムダがある」

ということになります。

では、「暇なことが多い平日はアルバイトを極力減らそう」と考えたとします。しかし、急に大人数での来店がある可能性も十分あります。

「大人数で来店されると対応しきれなくなる……」

「多少人件費がかさんでも、売上を上げたい……」

そう思うと、なかなか人を減らせないというのが店長の心理です。結果として、「忙しくても、暇でも人件費がかかる」という状態になりやすいわけです。

つまり、人件費も「減らしにくい」経費の1つなのです。

プロローグのカジュアル・フレンチの事例では、店舗規模も大きく、社員も最初から4名ほどいました。それでも売上が十分あればよかったのですが、現実的にはかなり暇だったわけです。大きな人件費が資金繰りを圧迫したことは容易に想像できます。

スタッフの人数と、その人件費についても、あらかじめ計画しておくといいでしょう。

06 店舗規模が与える影響5「光熱費」

店舗規模が大きいことで、電気代、ガス代、水道代といった、水道光熱費がかかってしまうということは、イメージしやすいでしょう。店舗が大きいと、その分の費用が多くかかってきます。

お客様が来店されて、直接的に電気代とガス代がかかるのなら、いいでしょう。問題なのは、どんなに暇でもかかってしまう光熱費です。

どんなに暇なときでも、エアコンを付けてお客様を待つ必要がありますし、ある程度の仕込みは必要です。業態や調理方法によっても違いますが、仕込みにかなりのガス代、電気代がかかるお店もあります。

さらに、店頭の看板を照らす電気代、ゴミの処理業者への支払いなど、基本的な費用が大きくなるのです。

いかがでしょうか？

大きなお店をつくるということは、あらゆる面で高いリスクを抱えることになります。大きなお店では、大きな売上を計上できる「可能性」があるかわりに、さまざまなリスクを背負っているわけです。

大きなお店は「ハイリスク・ハイリターン」なのです。あえてそこにチャレンジするというのも、確かに1つの考え方です。しかし、「ローリスク・ハイリターン」を目指さなければ、これからの飲食店は生き残っていけません。

特に店舗の規模というのは、ほとんどの場合は後から変えようのないものです。開業時に判断を誤ると、そのミスをずっと引きずってしまうのです。

店舗の規模は慎重に見極めましょう。

07 小さすぎるお店が儲からない理由

ここまでは、大きなお店の抱えるリスクがいかに大きいかを説明してきました。

では、店舗規模は小さければそれでいいのでしょうか？

答えは「いいえ」です。

小さすぎるお店は、はっきりいって儲かりません。趣味でやるなら話は別ですが、ビジネスとして捉えた場合、取り組む意義そのものに疑問が生まれます。さまざまなリスクを背負うのですから、それなりの収入を期待してしかるべきでしょう。会社勤めをやめたとはいえ、以前よりも収入が減るのは、多くの人が望むことではないと思います。

例えば、席数15席程度の居酒屋を開業した例で考えてみましょう。

いったい、どれほどの売上があり、月々どれくらいのお金が残るのでしょうか？

当然さまざまなケースがあり一概にはいえませんが、一般的な条件でシミュレーションを行ってみましょう。

立地・業態　駅前立地の居酒屋業態
営業時間　17時〜24時
客単価　3500円
平均客数／日　15名
営業日数　25日／月
従業員　アルバイト1〜2名
借入金　800万円　7年返済
経営形態　個人事業

これらをもとに、売上＝客単価×客数×営業日数で算出すると、およそ131万円になります。この規模の売上の場合、経営者の手元にどれだけ残るのでしょうか？

次ページの図を見てください。この規模の店舗の実態より、甘めに設定しています。あくまでサンプルなので、考慮していない費用もあります。

最終的に経営者の手元に残る金額は、25万円強です。

小さなお店の経営シミュレーション

	金額（円）	割合（%）
売上	1,312,500	100.0%
原価	459,375	35.0%
粗利益（売上ー原価）	853,125	65.0%
家賃	130,000	
人件費	180,000	
販促費	20,000	
水道光熱費	120,000	
消耗品	5,000	
リースなど	30,000	
その他雑費	15,000	
販売管理費	**500,000**	38.1%
営業利益（粗利益ー販売管理費）	353,125	26.9%
借入金返済	100,000	7.6%
手元に残るお金	**253,125**	19.3%

予定外の出費が発生すると、さらに負担が増える

経営者の手元に残るお金。ここからさらに保険料・年金・消費税・所得税などが引かれると、手取りはわずか。

小さすぎるお店では満足に生活できない！

個人事業を経験された人ならわかると思いますが、残る金額が25万円では非常に少ないといわざるをえません。この25万円から、経営者本人の保険料、年金、税金など、その他多くのお金を支払っていかなくてはならないのです。もし家族がいれば、ぜいたくは一切できないほどの所得です。

さらに、このシミュレーションでは、店舗や設備の修繕費や、その他イレギュラーな出費は一切含まれていません。不測の事態が起こると、30万円程度の利益はあっさりなくなってしまいます。

もちろん、売上を上げるために、昼営業をはじめたり、積極的な販促を行ったり、いろいろな手は打てます。しかし、席数15席では大きな宴会も取れず、結局売上は頭打ちで終わってしまいます。客単価を上げる方法も考えられますが、客単価を上げれば、客数が減るというのが一般的な常識です。レベルの高い商品を提供しないかぎり、高単価でたくさんの人を集客することは難しいのが実態です。つまり、席数15席では、経営者が「儲かる」と実感できるレベルに達することはかなり難しいのです。

「大きすぎてもリスクが高く、小さすぎても儲からない。一体どうしたらいいんだ？」

そんな声が聞こえてきそうです。

では、次にお店の適正規模の見つけ方を紹介します。

08 お店の適正規模を見つける4ステップ

お店の適正規模は、飲食市場の大きさと競合店との競争状況によって決まります。立地や業態によって適正な規模は異なります。以下に従って適正規模を見極めましょう。

ステップ1．足を使って、立地の特徴をつかむ

地図を見たり現地を歩いたりして、立地の種類やその立地特有の特徴を把握します。

ステップ2．周辺競合店の入店状況を調査する

次に競合店となる同業態のお店の入店状況を調べましょう。第1章で説明した調査方法に基づき、曜日別、時間帯別に実際の入店状況を調査します。

ステップ3．周辺競合店の商品・サービス力をチェックする

競合店のなかで、集客できているお店、出店候補テナントに近いお店、気になるお店で実際に飲食して、商品・サービス力をチェックする。

ステップ4．自店のコンセプトに合わせた適正規模を見つけ出す

周辺飲食市場の調査結果から、自店のコンセプトを詳細に設計・修正します。

そして、競合店との比較の中で、適切な店舗規模を見出します。

以上のようなステップで、店舗の適正規模を見出すことができます（実際のシミュレーションは104～105ページ参照）。当然、候補物件のなかには、理想どおりの規模のお店が出てこないこともあります。しかし、店舗規模の目安をマーケットの現状から考えることにより、大きな失敗を未然に防ぐことができます。具体的な事例については、左ページにまとめたので参照してください。

調査をしたうえで検討することが一番いい方法ですが、一般的な店舗規模の基準はあるので、参考にしてください。

ただし、あくまで一般的なケースなので、参考程度に留めておいてください。

店舗規模の目安（平均単価 2,500 ～ 5,000 円の場合）

席数	特徴
～15	ビジネスとして取り組むには、儲けが少ない。経営者自身が現場から抜けられなくなると同時に、資金的余裕が生まれないので、次への展開のスピードが鈍くなる。
16 ～ 30	一般的には、客単価が 4,000 円以上なければ、やはり儲けは少なくなる。ただし、繁盛店が存在することも事実。
31 ～ 60	30 席を超えると高収益な店舗を作り上げることも可能。個人事業の場合、最初の店舗は 60 席程度までに抑えておくことが無難。
61 ～ 80	郊外店などで多い席数だが、需要の落ち込む曜日や季節（平日や閑散期など）への対策が必要となる。ランチ営業を行うことが多い。50 席の予定が 65 席になるなど、たいした差がないと思いがちだが、中途半端な準備では手痛い失敗をする場合がある。
81 ～ 100	建設業などの他業種から参入する場合、フランチャイズに加盟してこのサイズの店舗をつくる場合が多いが、事業責任者が飲食店の経営知識がとぼしい場合は、失敗のリスクがより高くなる。需要の落ち込む曜日に、いかに少人数で運営するかの工夫が必要。同時に需要が高まるときに一気に稼いでおくことが重要になる。ランチ営業、年中無休など、対策が必要。
101 ～	明確に勝てる見込がある場合以外は避けたほうがいい。リスクが大きい。

ステップ１．エリアの特徴をつかむ

【調査エリア】　富山駅前

【エリア周辺】　県庁や市役所が近くにあり、企業も駅前に相当数ある。

【　飲　食　店　】　居酒屋中心に、数が多い。

【交通アクセス】　ＪＲ富山駅へは徒歩５分以内で、電車通勤が多い。さらに中心部には路面電車が走っており、富山大学から十数分で駅前に来られ、利用する大学生が多い。

ステップ２．周辺競合店の入店状況を調査する

【調査業態】アルコールを出す業態

【調査結果】

●＜週末＞　ほとんどのお店でそれなりに集客できている。しかし、中年の男性や中年サラリーマンのみをターゲットにしているお店は、土曜日の集客が十分にできていない。

●＜平日＞　居酒屋は善戦している様子。ただ、低価格帯の焼肉やダイニング業態など、若年層をターゲットにしたお店は苦戦。そして、若年層をターゲットにしたお店の中でも、席数が60席以上あるお店の場合、平日がガラッとしており、かなり暇そう。

競合店調査

店名	席数	商品力	客単価	定休	日付	曜日	時間	客数	おもな客層	時間	客数	おもな客層	時間	客数	おもな客層
候補地Ａ 駅前エリア															
居酒屋 Ａ店	38	○	約3500円	月	7/8	火	20:00	18	中年男 サラリーマ	20:05	28	中年男 サラリーマ	20:00	26	中年男性 カップル
焼き鳥 Ｂ店	21	△	約3200円	日	7/8	火	20:05	6	中年男性	0:09	5	中年男性	0:05	7	中年男性
居酒屋 Ｃ店	120	△	約3000円	無休	7/8	火	20:10	8	大学生	:15	45	20～30代 大学生	:08	78	20代カップル 大学生
割烹居酒屋 Ｄ店	32	◎	約5000円	月	7/8	火	20:20	12	年配男女 サラリーマ	0:23	25	年配男女 サラリーマ	0:18	22	年配男女 中年男女
焼肉　Ｅ店	62	×	約2800円	無休	7/8	火	20:03	4	20代カップ 大学生	20:01	13	20代カップ 大学生	20:03	40	20代カップル 大学生
中華居酒屋 Ｆ店	56	○	約3000円	水	7/8	火	20:08	7	20代カップ サラリーマ	20:08	12	20代カップ サラリーマ	20:08	18	20代カップル サラリーマン
ダイニング Ｇ店	65	○	約2500円	無休	7/8	火	20:15	8	20～30代 女性	:16	38	20～30 代女性 カップル	:15	55	結婚式 ２次会
居酒屋 Ｈ店	28	△	約2500円	月	7/8	火	20:22	15	中年 サラリーマ	0:24	18	中年 サラリーマ	0:26	6	中年 サラリーマン
合計	422							78			184			252	

ステップ3．周辺競合店の商品・サービス力をチェックする

居酒屋業態　居酒屋Ａ、割烹居酒屋Ｄ、居酒屋Ｈ

食事して「商品・サービス力」をチェック

●割烹居酒屋Ｄ　　商品力は勝てそうにない

●居酒屋Ｈ　　商品力・サービス両面で負ける気がしない

●居酒屋Ａ　　商品力においていい勝負ができる

ステップ4．自店のコンセプトに合わせた適正規模を見つけ出す

【調査でわかった２つのこと】

①平日は、仕事帰りのサラリーマンや役所勤めの公務員が多いため、居酒屋では比較的集客ができている。同時に、平日は若年層が少ないため、若年層狙いのお店は集客できていない。

②居酒屋Ａ、居酒屋Ｈの明確な違いは、土曜に20～30代のカップルを集客できているかどうかであり、居酒屋Ａでは土日の客層が非常に幅広い。

「50席以下の居酒屋業態」で出店すれば、大きなハズレがなさそうなこと。

土日に20～30代のカップルを集客できれば、より大きな売上が見込めそうなことが見えてきた。

【自店における対策】

メニュー：女性にも喜んで頂けるようにサラダやデザートをより充実させる。

ターゲット：カップルが来やすいように、個室感のある内装にする。

宴会：大人数の宴会を獲得できるお店づくり

Ａ店ではカウンター席が多く、小上がりの席を使っても、15名程度の宴会しか獲得できない。そこで、自店では小上がりの仕切りをすべて取っ払うことで、25名程度の宴会ができる設計をしたいと考えた。Ａ店とは、大人数の宴会を獲得できるお店づくりをすることで差別化。「お断り」の機会損失がなくなり、より売上が増えると見込んだ。

規模：

● 50席を超えると、平日にどれだけ集客できるか少し不安が残る。

●中華居酒屋Ｆ店（56席）は、平日の集客数が少なく、お客様から「暇な店だ」というイメージを持たれてしまう。

↓

【結論】

店舗規模の理想は居酒屋Ａ店より少し広い「**38席～45席程度**」

第2章 まとめ

店舗規模戦略での間違いとチェックポイント

店舗規模についてきちんと考えていない！

□ 店舗規模の大小によるメリット・デメリットを認識しておく

「大きければいい」というものではない！

□ 店舗規模は、何より「売上」に大きな影響を与える
□ 店舗規模が大きければ「初期投資」が大きくなり、将来資金繰りに苦労する
□「家賃」は支払い続ける費用。「価格」よりも「売上に占める割合」を優先する
□「人件費」は減らしにくい費用。「人数」と「人件費」をあらかじめ計画しておく
□「光熱費」は暇でもかかる費用。大きな負担になる

「小さければいい」というものでもない！

□ 月商 130 万円程度では、手元に残るお金は 25 万円くらいで、ほとんどぜいたくできない

適正規模についてきちんと考えていない！

□ 足を使って、立地の特徴をつかむ
□ 周辺競合店の入店状況をつかむ
□ 周辺競合店の商品・サービス力をチェックする
□ 自店のコンセプトに合わせた適正規模を見つけ出す

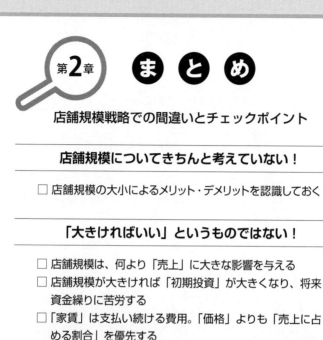

第3章

将来のコストを最小化する超低リスクの店舗設計戦略

店舗設計は、専門知識が求められるため、初めて開業する人にとって、リスクが非常に高いといえます。本章では、いい業者の選び方や、未来のコストダウン・売上アップを実現する方法を紹介します。

01 設計・施工業者を選ぶ大前提

まずは、設計・施工業者の選び方や付き合い方について説明します。

飲食店をつくる場合、大きくわけるとデザイン・設計、施工の2つの業務となります。それぞれの専門業者に依頼することもできますし、デザインから施工まで一括して依頼できる業者もいます。

規模の大きな店舗をつくりたい場合は、各業者にそれぞれ依頼することが多く、小さなお店では一括して依頼するケースが多いです。じっくり時間をかけて業者選びをできる場合は、各専門業者に依頼する方法がいいでしょう。しかし、一括で依頼できるいい業者が見つかる場合もあるため、ケースバイケースで選択しましょう。

初めて飲食店を開業する人が**よく陥ってしまう失敗は、設計・施工を依頼する業者の選択を間違えてしまうこと**です。

例えば、こんなケースがありました。

ある居酒屋の開業希望者が、知り合いの業者に設計・施工を依頼しました。依頼者の希望どおり、オープンキッチンで、カウンター10席、テーブル席20席ほどのお店でした。しかし、オープンしてからは、カウンターに座ったお客様から「テーブル席に移りたい」という要望が非常に多かったのです。

この問題の原因は単純でした。カウンターとキッチンの距離が近すぎて、お客様の話し声が目の前で調理をするスタッフにすべて聞こえてしまっていたのです。特にお客が少ないときには、まったく落ち着けない場所になってしまうのです。

このお店では、オープンしてしばらくした後に、カウンターの前に仕切りを立てることになり、予定外の費用が発生してしまいました。後からわかったのは、この業者は、これまでほとんど飲食店を手がけた実績がなく、おもに住宅をつくってきた業者だったのです。

この失敗事例から、**とにかく知識と経験のある業者を選ぶべき**だということがわかります。確かに「知り合いであれば安心」という気持ちもわかります。しかし、知識と経験がないと、思いがけないミスを犯してしまうことがあります。

知り合いを選ぶよりも、実績のある複数の業者から選択するほうがいいのです。

02 付き合ってはいけない業者の5つの共通点

業者を選ぶ際には、次の5点に気をつけてください。

1. こちらが素人とわかると、高圧的な態度をとる

高圧的な態度をとる人には、失敗しても自分の非は絶対に認めないという人が多く、何かと理由を付けていいくるめようとするケースがよくあります。

2. くわしい見積もりを出してくれない

おおざっぱな見積もりしか出してくれない場合は、後から「仕様を変更した」とか、「工事してみたら物件にこんな問題があった」などといって、追加料金を請求してくるケースがあります。仕事自体も、おおざっぱでいい加減なことが多いです。

3. 自分がつくった店は繁盛すると豪語する

デザイナー、デザイン重視型の業者などに多いケースです。このような業者は思い込みが強く、価格が高いケースが多いです。そもそも「店舗のつくり」だけで、経営がうまくいくはずはなく、いっていることに無理があります。

4. 日時の約束を守らない、対応が遅い、こちらの話をきちんと聞いていない

ビジネスとして当たり前のことができていないので、このケースはすぐに気づくかもしれません。「前にいったことが伝わっていない」、「時間を守らない」業者は避けたほうがいいでしょう。基本的な姿勢はそのまま仕事に反映します。工事の後にミスが発覚して「いった、いわない」の争いにならないように注意しましょう。

5. すぐに契約を迫る

「早く契約してもらえないと、着工がかなり延びる」とか、「いま決めてください」という業者の場合、彼らのペースに乗らないことが重要です。業者に主導権を握られてしまうと、いいことは何もありません。すぐに契約を迫るのは、会社の資金繰りが厳しいという事情がある可能性もあります。契約をせかす業者とは付き合わないようにしましょう。

03

仕事レベルは雲泥の差！いい業者の探し方

次に、具体的に設計・施行業者を探す方法を紹介します。

最も簡単で効率的な方法は、**「業者に紹介してもらうこと」**です。

具体的には、開業する地域の酒屋、肉屋、食品卸、厨房機器業者、デザイン会社に紹介してもらうといいでしょう。あなたが飲食店で働いている場合は、お店に出入りする業者から教えてもらうことをすすめます。あなたが独立すれば、新しい取引先が増える可能性があるため、彼らは快く教えてくれたり、紹介してくれるはずです。

もう1つの方法は、自分が気に入った飲食店に直接問い合わせて、設計・施行業者を紹介してもらうことです。店舗のデザインも同様です。気に入ったデザインのお店に、直接聞いてみることが一番です。飲食店の経営者（特に個人店オーナー）は、商圏が違えばあまり競合を意識せず、いろいろ教えてくれるものです。気軽にお店で聞いてみるといいでしょう。

さて、いい業者の探し方・選び方において重要なことは、とにかく**たくさんの業者の話を聞くこと**です。「2～3社、相見積もりをもらっただけ」というケースが多く、なかには紹介された1社だけという人も多いようです。

低リスクの開業を行う場合、たくさんの業者からさまざまな提案をもらうことが非常に重要です。あなたに相当の知識があれば、問題はありません。しかし、飲食店経営者はほとんどがデザイン・設計・施工に関しては素人です。いろいろな業者から話を聞き、提案を受け、そのなかでよりよい提案を選択していく方法が最も効率的かつリスクが低いといえます。

私の経験では、5社程度を選んでおくといい業者に出会える可能性が高まります。5社と話を進めると、1社は相当な知識・実績があったり、価格が安いということが経験上多かったです。確かに時間はかかりますが、設計・施工業者選びは将来に大きく影響します。時間をかける価値は必ずあります。

選ぶ際には、提案内容ももちろんですが、お金も重要になっていきます。次ページから見積もりについて解説していきます。

04 主導権を取られてはダメ！業者を決定するまでの3ステップ

では次に、見積もりから業者決定までを3つのステップにわけて説明します。

ステップ1．相見積もりを5社以上に依頼する

前述したように、とにかくたくさんの業者とコンタクトをとるようにします。その1つの目的は相見積もりをとることです。相見積もりとは、複数の業者に、見積もりを出してもらってそれぞれ比較検討し、最終的にお願いする業者を決めることです。

相見積もりをとる最大の目的は、価格を下げさせることではありません。最大の目的は、いい業者を見極めて、いい提案をもらうことです。

相見積もりをとることは、業者と対等かつ冷静に交渉を進めていくための第一歩です。繰り返しますが、飲食店の開業希望者は、デザイン・設計・施工に関する知識がとぼしい場合が多く、業者のいわれるままに契約を進めてしまいがちです。その結果、必要以上に

初期投資がかかるケースが多いのが実情です。

そこで、相見積もりをとっていることを相手にもきちんと伝えます。そうすれば、たいていの業者の対応は、よりていねいに、より慎重になります。**対等な取引をするためのリスク回避**だと思って取り組みましょう。

ちなみに、デザイン・設計・施工業者が物件を紹介してくれるケースもあります。このようなケースでは、交渉がしにくくなることは当然です。

「うちが紹介した物件なのに、他の業者で見積もりをとるんですか?」という雰囲気になるのは容易に想像できます。その業者に決めているのであれば問題はありませんが、できるだけ対等な交渉ができる状態を保っておくことが重要です。

デザイン・設計・施工業者には、常に「他社にも声をかけています」ということを正直に伝えるようにしてください。

見積もりを依頼する際には、詳細な見積もりを最初にお願いしておきます。あまりにおおざっぱなものでは比較できませんし、詳細な内容がわかりません。

なかには、見積もり代を請求する業者がいるかもしれません。その場合は、「1万円でも2万円でも支払うからつくってくれ」とお願いしてください。もし、その業者に決まれば、代金から相殺してもらえばいいことです。選ばなかったとしても、その程度の投資はまったくの許容範囲だと思います。

ステップ2．各業者の話をじっくり聞き、経験と知識の差を見極める

さて、各業者に見積もりを依頼した際に、きちんと相手と面談する時間を取ってください。ただ見積もりだけを見ていても、会社の姿勢や対応力はわかりません。実際に会って話をすることで多くの情報を得られます。

そして、以下のポイントに注意しながら相手の話を聞いてください。

- 飲食店をつくった実績はどのくらいあるのか？
- どんなお店があるのか？
- デザイン・設計・施工の技術的な話だけでなく、経営側の視点から話をしているか？
- 来店するお客様の視点を意識しているか？
- 動線、熱効率、換気、排気、席効率などについて専門的な知識があるか？
- 飲食店におけるデザインや設計の流行をある程度把握しているか？
- ビジネス上の基本的なマナーやコミュニケーションが適切か？

・会社の規模はどの程度か？
・本物件に対する熱意が感じられるか？

物件に関してぜひやってほしいことは、**契約する前に必ず設計・施工業者と一緒に物件を見に行く機会をつくる**ことです。特に居抜き物件でない場合は、開業までに想像もしていなかった問題が発生するケースがあります。

例えば、排気ダクトの設置に問題があったり、下水などの配管関係に問題があったり、電力の容量が不足していたりすることがあります。いずれも目には見えないので素人には気がつきにくいのです。これらの問題で床や壁に穴を開けたり、配管を引きなおしたりなどの大工事が必要になることがあるため、注意が必要です。

これらのポイントをチェックしながら、より力があり、いい仕事をしてくれそうな業者を2～3社に絞りましょう。

ステップ3　図面と価格を比較して、業者を決める

最後に絞り込んだ業者の「提案内容」と「価格」の違いをチェックします。

例えば、同じ物件なら、一般的に席数が多いほうがいいでしょう。席数が多い分、売上の上限が上がるからです。さらに、キッチンの広さや使いやすさ、スタッフの動線がよりスムーズに仕上がっているのはどれかを見比べます。

そして、最も気に入った業者、気に入ったデザインや図面が決まれば、それぞれの業者と再度、価格交渉を行います。詳細な見積もりをもらうことで、他社との価格差がどこにあるのかを見極められます。例えば、施工の見積もりの場合、材料費、作業する人の人件費、什器類などの設備費などを見比べれば、具体的に交渉できます。

業者を決める条件として、価格は重要な要素です。ただし、安いからといって実績のとぼしい業者に依頼することはおすすめできません。いいお店ができれば、多少のコストはすぐに回収できます。**自分に相当な知識がない限り、価格だけの業者選択はしない**ようにくれぐれも注意しましょう。

なお、相見積もりをとった業者を断るときには、採用した業者との違いを正直に伝えましょう。そして真摯《しんし》に取り組んでくれた業者には、「お手数をおかけしたのに、申し訳ありません」とひと言伝えるようにします。

05 将来のコストを削減するかしこい店舗設計

店舗設計は、通常、業者が行い、経営者が直接行うわけではありません。

しかし、プロローグにあった中2階の洋風居酒屋の事例のように、将来に渡って無駄なコストを生んでしまう設計もあります。

それを避けるためには、押さえておくべき2つの視点があります。正しい店舗設計を行えば、未来のコストダウンを実現できます。

視点1．人件費のかからない設計

規模の小さなお店では、スタッフが1名増えるだけで、全体の支出に占める人件費率が大きく変わってきます。例えば、スタッフ10名で運営するお店とスタッフ3名で運営するお店があったとします。スタッフ10名のお店で1名増えても、10％アップにしかなりませんが、スタッフ3名のお店で1名増えると、コストは約33％アップします。

人件費は、小さなお店ほど、過不足が大きくなるコストなのです。

こんな場合に、店舗設計がもう少しシンプルで、ムダのないつくりになっていれば、人が少なくても済むケースがよくあります。人件費のかからない設計には2つのポイントがあります。

1つめは、**「見通しのいい設計」**です。

個室スペースを売りにした居酒屋などをのぞいて、見通しのいいお店は基本的に接客しやすいものです。なぜなら、お店をひと目で見渡せるので、次にするべきサービスを先読みしやすいからです。

例えば、お客様のお迎えやレジ業務は優先順位が高いサービスです。早めに気づくことで、お客様にストレスを感じさせることなく、サービスがスムーズに流れます。

さらに、食事の済んだお皿についても、テンポよく下げやすくなります。営業中に効率的に皿を下げれば、洗い物がたまりにくくなり、スタッフの残業時間が減るなどのメリットがあります。

2つめは、**「動線のいい設計」**です。

動線とは、人が動く経路です。正しく動線を考えることで、作業効率が上がり、接客レ

店舗設計のサンプル見取り図

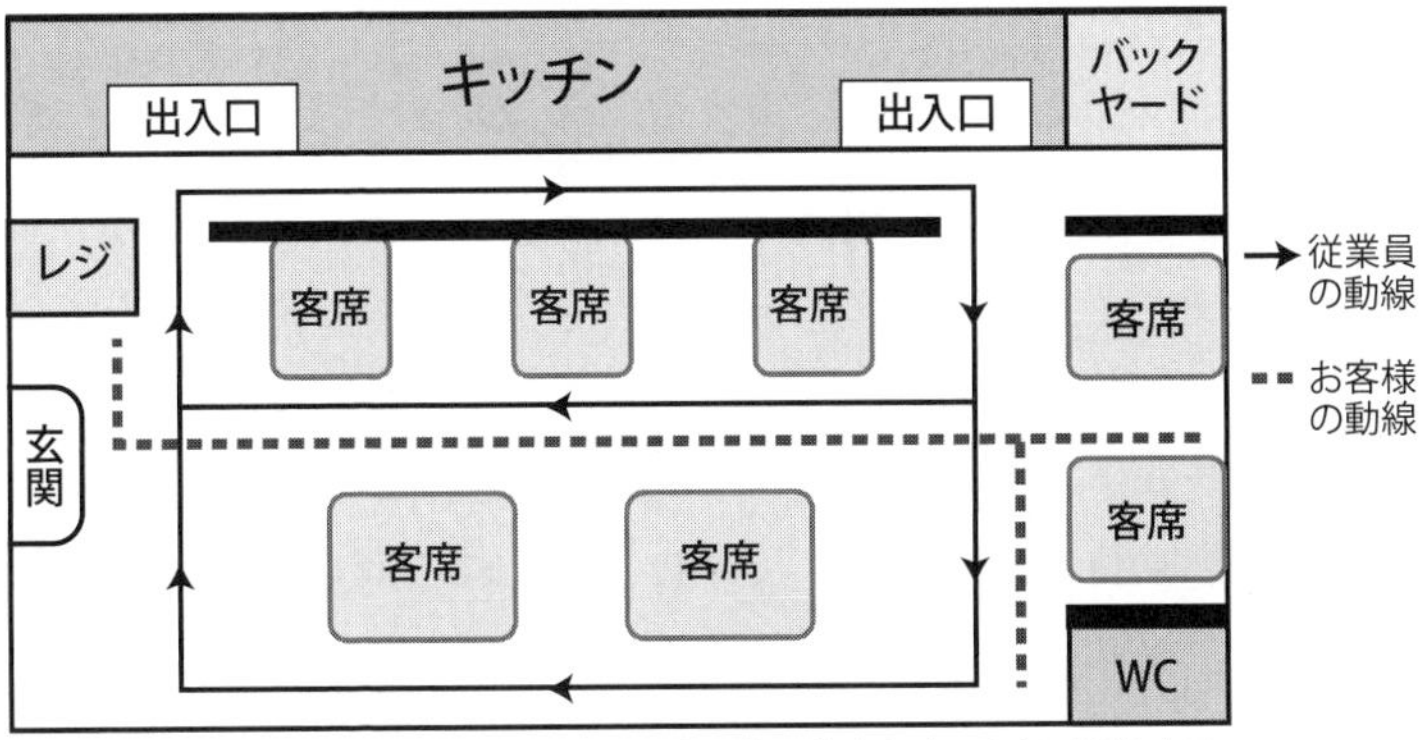

お客様に目が届きやすいように、スタッフが作業を進めやすいように設計する

ベルも高まります。

当然ですが、スタッフの移動距離が少ないほうが、すべての業務が効率的に進みます。お客様への料理の提供スピードも含め仕事が早くなります。

また、スタッフ同士やお客様と動線が交差しないように設計すれば、よりスムーズに移動できるようになります。

動線のいい設計を行うポイントは、**各スタッフの作業内容を想定し、各スタッフがどんな作業をどんな順番で行うかをシミュレーションする**ことです。より短く、交差しない、流れやすい動線を考えながら設計を行うといいでしょう。

視点2．水道光熱費のかからないお店

もう1つの視点は、水道光熱費がかからないお店です。

よくある失敗事例は、冷暖房の効きづらいお店です。あなたも妙に「暑いお店」や「寒いお店」に行ったことがあると思います。これらの原因は、温度調節の問題ではなく、じつは、設計時の問題であることが少なくありません。

店内の気流、換気の問題、厨房とフロアの距離感、風防室の有無、壁の薄さ、すき間などなど、複数ありますが、いずれにしても設計時に業者に確認をしておくことです。

「空調はきちんと効く構造になっていますか？」と質問してみましょう。この質問に明確な理由をもって答えられる業者であれば、経験と実績がある可能性が高いはずです。

また、「光熱費が抑えられる構造になっていますか？」と質問しましょう。

窓ガラスの面積や種類、壁の素材や加工方法を変えることで冷暖房費が抑えられることや、厨房の床の高さを少し上げることで熱効率が上がるなど、より具体的な提案をしてもらえることもあります。

これらは設計時にしか依頼できないことなので、最初からコストのかからない店舗設計を意識しておきましょう。

06 将来の売上を左右する意外な要因

次に紹介するのは、将来の売上アップを可能にする設計です。よりくわしくいえば、「最も売上が上がりやすい状態」をつくっておくことで、機会損失を極力減らす設計です。

売上を上げやすい状態にするには、外観と内装それぞれにできることがあります。

まずは、外観について解説しましょう。

プロローグで紹介した「居酒屋だとわかりづらい」和風居酒屋は、効果的な看板を1つ設置することで、売上が昨年同月対比で1・5倍になりました。

逆にいえば、最初から効果的な外観・看板・ファサード（正面から見たお店の構え）であれば、もっと大きな売上を上げていたはずです。取り逃がした新規客の一定割合がリピートしていたことを考えると、ここで失った機会損失は大きなものです。

つまり、店舗設計時に絶対に注目してほしいのが、外観・看板・ファサードなのです。

ここに大きな売上を上げるチャンスがあるにもかかわらず、意外に業者の提案のまま受け入れているお店が多いのが現実です。

外観についてのポイントを2つあげるので、ぜひ参考にしてください。

1．ひと目で何のお店かわかるか？

外から見て、「どんな業態のお店なのかがひと目でわかる外装や看板」であることが大事です。よくある失敗は、業者の提案のまま、店名を大きく掲げてしまうというものです。例えば、「麺屋○○」「○○らーめん」「鍋○○」など、店名で業態が連想できるのならいいでしょう。しかし、なかには、経営者の名前がそのまま店名になっているケースがあります。この場合は、店頭の前を通る見込客にとって意味のない看板になってしまい、せっかくの看板スペースがムダになってしまいます。

そこで、業態が大きく文字で書かれている看板や、居酒屋とひと目でわかる外装など、**外から見て業態がわかる**ことが非常に重要です。

さらに、業態以外にも、おすすめの料理やその価格、さらにお店の雰囲気がわかるとさらに効果が高まります。

例えば、「串焼き盛り合わせ　880円」、「牛トロホルモン　580円」、「ネギチャーシュー麺　850円」など、おすすめ商品と価格を大きな文字で表現する看板です。

お店の雰囲気については、実際の店内写真を店頭に掲載したり、「個室あり」、「掘りごたつ 20席あり」などの表記をしておくことでイメージが湧きやすくなり、入店への不安がなくなり、その結果、新規客を獲得しやすくなります。

2. 前面道路の離れた位置から見えるか？

同時に「遠くから見てわかるか？」という視点も忘れないでください。前面道路の離れた位置から見て、「どんな業態であるか？」「おすすめ商品は何か？」がわかるかどうかをチェックしてください。

外観面を工夫すれば、売上を上げやすい状態をつくれるのです。これは、ぜひやっておくといいでしょう。

07 将来の売上の上限は内装で決まる

では、次に「最も売上が上がりやすい状態」をつくるために、内装で意識すべきことを説明します。

お店のなかの設計で気をつけるべきことは、「席の効率」です。

1. 座席数をできるだけ増やす

繰り返しますが、飲食店における席数は、売上の上限を決める1つのものさしです。つまり、席数が増えれば当然、売上は上がります。

つまり、坪数が同じお店であれば、席数が多いほうが「繁盛する」ということになります。ただし、あまりに席数を増やそうとすると、隣のお客との距離が近すぎて居心地が悪くなる場合があります。こうなってしまっては本末転倒ですので、バランスを意識して、席数を増やす工夫が必要になります。

基本的には、図面にある席同士の距離は変えずに、ムダなスペースはないか、一席でも増やせる方法はないか、を考えることがより現実的です。提案された図面をそのまま鵜呑みにせずに、いろいろ考えてみましょう。

2. 業態にもよるが宴会も開けるようにする

宴会シーズンはいうまでもなく、お店にとっては書き入れどきです。

宴会のできる業態であれば、宴会スペースが何人まで入れるのかが売上に大きな影響を与えます。最大18名しか入れない宴会スペースの場合、20名の予約は断るしかありません。これは、本当にもったいないことです。

つまり、少しでも宴会スペースの収容人数を増やしておけば、この機会損失を最小にできます。その20名の宴会をできるスペースは、通常時は4人がけの5つのテーブルにわけることができれば、より効率的にお客様を迎えられます。

3. カウンター席のスペースはきっちり計測する

カウンター席でも注意するポイントがあります。中途半端なカウンター席をつくったために、「カウンターに誰も座らない」お店は意外に多いものです。

気をつけるべきポイントは、席の広さ、通路の広さ、全席数に占めるカウンター席の割合です。カウンター席が狭すぎないか、カウンター席の後ろの通路が狭すぎないかは実際に長さをチェックして、感覚をつかんでおく必要があります。他のお店に行って長さを確かめることもいいと思います。

一般的には、カウンター席でも横幅は65～75㎝程度を目安にしましょう。ただし、居酒屋のカウンターでは、もう少し狭いお店もあります。奥行きは業種によって異なりますが、50㎝以上は確保しましょう。イメージする店舗で長さを測ってみることが一番確実です。

また、カウンター席後ろの通路の幅は、カウンターに人が座った状態で65㎝以上は欲しいものです。こちらも1つの目安として考えておきましょう。

カウンター席の全席数に占める割合は20％程度を下回らないようにしましょう。例えば全席数が40席のお店にカウンター席が4～5席しかない場合、カウンターに座るお客様は少なくなる傾向があります。

当然、業態やカウンター席の雰囲気によっても異なりますが、相対的にカウンター席が少ない場合は、いわゆる「死に席」となる可能性が高くなるので、注意が必要です。

カウンター席をつくる場合は、「座りやすい」「居心地がいい」ことを意識して設計することが大切になります。

08 厨房機器のかしこい購入法

厨房機器を選ぶ際にも、さまざまなポイントがあります。

1. 基本的に中古でOK

まず、新品と中古品という選択肢があります。確かに価格は中古のほうが安く、基本的にはおすすめできます。ただし、古すぎる機器は電気代がかかる、冷えないなどの問題もあるので、注意して商品を選ぶことが必要です。しかし、作業台、シンク、小物などは中古でも新品と機能性はほとんど変わりません。積極的に中古品を検討してみましょう。

最近は、冷蔵庫・冷凍庫などの新品も、中古品に近い価格まで下げてくることが多いようです。中古品と価格を比べて購入を検討しましょう。

中古品は、「テンポスバスターズ」(http://www.tenpos.co.jp/)や「コレクト」(http://www.cyuuboukiki.com/)などの専門業者がいます。ほしい機器がある場合は、事前にいい品が出たら知らせてもらえるように頼んでおくことが重要です。急にほしいといっても、中古品は当然ながら、その一品しかありません。いいものに出会えるかどうかはタイミングの問題なので、見当たらないこともあります。時間に余裕がある場合は、お願いしてしばらく網を張っておく方法をおすすめします。

インターネットで検索すると、各社で実際の写真付きの中古商品が紹介されています。地元の商品だけであきらめるのではなく、インターネットを利用して幅広く探しましょう。

2．レイアウトも考慮しておく

厨房内のレイアウトも厨房機器の購入に大きく影響を与えます。例えば、最も効率的な配置をしたつもりでも、厨房機器のサイズによっては厨房内にきちんと収まらない、またはムダなスペースが生まれるケースがあります。その際は、厨房機器のメーカーを変えたり、中古品を探すことで、ぴったりなサイズの厨房機器を見つけることができます。

効率的なレイアウトは作業スピードを高め、人件費を削減する効果があります。さまざまなレイアウトパターンと厨房機器の組み合わせを考えてみましょう。

逆に注意すべきことは、メニューの内容や店舗の詳細な設計を事前に確定しておくことです。後から作業効率が悪くなったり、工事費用がかかりすぎたりするケースがあるからです。

例えば、予定より焼き物メニューが増えることで急に厨房内の作業効率が悪くなったり、仕込みが必要なメニューが増えることで冷蔵庫の容量が足りなくなったりなど、さまざまな問題が発生します。

3. コンセントの位置、水道、ガスの配管も考慮する

厨房機器は電気、水道、ガスを使うため、いったん決めた厨房機器のレイアウトを変える場合は、電気のコンセント、水道の配管、ガス管などの位置がずれてしまうケースがあります。最悪の場合は工事が増えたりするため、店舗の詳細な設計を早めに確定すること、同時に厨房内のレイアウトを早い段階で決めておくことが大切です。

厨房機器は、飲食店にとって、商品をつくるうえで欠かせないものであり、非常に重要なものです。ここで紹介した3点を十分考慮したうえで、選ぶようにしてください。

第3章 まとめ

店舗設計戦略での間違いとチェックポイント

設計・施行業者の選択を間違えてしまう！

- □ 知識と経験のある業者を選ぶ
- □ 悪い業者かどうか5つの視点で見極める
- □ いい業者は「業者」に紹介してもらう

業者に主導権を握られてしまう！

- □ 必ず「相見積もり」をとるようにする
- □ 業者の話をじっくり聞き、経験と知識の差を見極める
- □ 図面と価格を比較して、業者を決める

売上と費用、効率を考えずに設計してしまう！

- □ 設計で、将来の人件費と水道光熱費をコントロールできる
- □ 効果的な看板1つで売上 1.5 倍も可能
- □「席効率」を考えれば売上を最大化できる
- □ 厨房機器のレイアウト、コンセントの位置、配管も考慮する

第4章

オーダーを思いのままにあやつる超低リスクのメニュー戦略

戦略的にメニュー構成を練っている飲食店は少ないといわざるをえません。きっちり構成を考えれば、こちらの意図通りにオーダーを受けることができます。

01 奇抜な業態とメニューを避けたほうがいい理由

プロローグで紹介したつぶれた豚料理専門店のように、特殊な業態（今でこそ、豚料理専門店は特殊ではなくなりましたが、当時はかなりめずらしい業態でした）や、単一商品に絞り込んでしまうことで、集客の間口を狭めてしまうことは得策ではありません。

特殊な料理は、食べたいと思う人の割合が少ないのが普通です。

例えば、牡蠣《かき》料理専門店で食事をしたいと思う人の割合が10％だとします（この10％はあくまで仮の数値です）。これは、10人に1人しか実際に食べようと思わないということです。周辺の飲食需要が大きい場合は、その10％だけでお店が成り立ちます。実際に牡蠣料理専門店で繁盛しているお店もあるでしょう。しかし、平均的な大きさの商圏では、その母数、つまり100％の絶対数が少ないために、同じ10％を集客したとしてもお店を維持できるほどの売上にはならないのです。

このような奇抜な商品というのは、「来店頻度が低いものの商圏が広い」というのが成立するための条件です。つまり、特殊なメニューにすることであなたのお店が「名物店」のようなお店になれた場合にお店は成功する可能性が高いのです。

しかし、ほとんどは「名物店」になれません。なぜなら、**広い商圏から集客できるほどの商品・サービスを提供することは難しい**からです。ごく一握りの調理師にしか「名物店」を成立させることは難しいのです。多くのお店は「名物店」になれずに鳴かず飛ばずの集客しかできません。そして、その一部は残念ながらつぶれてしまうのです。

超低リスクで開業するためには、このような奇抜な業態や単一メニューで開業することを避けるべきです。

メニューについては、いまから紹介する、需要に合わせてメニュー構成を変化させる方法をすすめます。第1章で説明したように、立地と「相性がいい」お店になるよう、メニュー構成をあえて変化させるのです。つまり、需要のあるメニューで、ラインナップをそろえるのです。

ある串焼き店の開業支援をした際、周辺の競合店を調査すると、かなりの数の焼き鳥店が存在していることがわかりました。

最も流行っているお店は、少し離れたところにある、おしゃれな焼き鳥店でした。

そのお店のメニューの特徴を見ると、焼き鳥、一品料理、串揚げ、揚げ物、ご飯もの、麺類、デザートと、焼き鳥中心の構成ではなく、非常に幅広いメニュー構成をしているお店だということがわかりました。

支援先のお店では、当初の予定は焼き鳥中心のメニュー構成でしたが、最も繁盛している店舗を見習って、一品料理を含め、すべてのカテゴリーを導入することに決めたのです。

結果、非常に目立たない立地であるにもかかわらず、中年男性、20~30代の友人同士、カップル、ファミリーなど、さまざまな客層を集客できる店舗になったのです。


店舗をオープンしたい場合、あるいは、すでに運営している場合でも、自店で提供できるメニューの多くは決まっていると思います。しかし、現状のメンバーで調理可能なメニュー以外に、立地に合わせたメニューを準備することが非常に重要です。

つまりは、**お客様の求めるものに合わせてメニューを考えていく姿勢**が大切なのです。

調理師出身のオーナーさんや、調理師経験の長い調理スタッフは、どうしても自分の腕

に自信とプライドがあるので、

「一度来てもらえれば、常連になってくれるはず」

「料理の腕があれば、どんな場所でもお客は集まる」

「自分の料理をわかるお客だけでいい」

などと考えがちです。

もちろん、本当にそれを実現する人もいます。しかし何度もいうように、遠くからでも人を呼べる味をつくれるのは、ごく一握りの人です。

経営者として事業に取り組む以上、きちんと需要に順応していく必要があります。**自店の料理のレベルやお客様の需要との相性を客観的に分析し、経営者として正しい判断ができる人が成功する**のです。

決して、料理の腕のいい人や、味のいいお店だけが成功するわけではありません。ここは絶対に間違ってはいけないところです。

周辺のお客様の需要の特徴をつかみ、周辺競合店の入店状況を把握し、どんな店が流行り、どんな店が暇なのかを把握したうえで、その立地にぴったりのメニュー構成をつくりあげるのです。

02 「NO1メニュー」をつくる7つのメリット

繁盛店を目指していく際、お店の「売り」のメニューをつくることが非常に大切です。ここでの「売り」のメニューとは、例えば「餃子の王将」の「焼き餃子」であり、「吉野家」の「牛丼」に代表されるような、お店を連想させるNO1のメニューのことです。

これをお店の**「NO1メニュー」**と呼ぶことにします。次から「NO1メニュー」をくわしく説明していきます。

まずは、「NO1メニュー」をつくる7つのメリットを説明します。

1. 口コミになりやすい

差別化できるいいメニューであればあるほど、口コミが起きやすくなります。

「あのお店の○○がおいしい」、「○○を食べるならあの店だね」という噂はよく聞くと思います。このような口コミは最高の集客要因となります。

例えば、ハンバーグやステーキその他、洋食全般がおいしいレストランがあったとします。「あのレストランどうなのかな？」と話題に上がった際、「おいしい店らしいよ」という口コミと、「ハンバーグがおいしい店らしいよ」という口コミとでは、印象が違いますよね。当然ですが、後者のほうが記憶にも残りやすく、口コミ効果が高まります。すべてのメニューがおいしいレストランだとしても、「ＮＯ１メニュー」を設定すれば、結果が変わってきます。

2. お店のブランドづくりがしやすい

「ＮＯ１メニュー」が売れてくると、お店のブランディングをしやすくなります。

例えば「餃子の王将」は餃子以外にも中華系のメニューがたくさんあります。メニュー全体を見ると、中華料理店に見えます。しかし、「中華の王将」ではなく、「餃子の王将」なのです。餃子という１つの商品が核となり、王将のブランド化を促進しているのです。

3. 仕入れ、仕込みが楽になる

「ＮＯ１メニュー」の注文率がどんどん上がってくると、お客様の注文が一定の商品にかたよってくるため、出る商品の予測がしやすくなります。その結果、仕入れや仕込みがしやすくなります。さらに、「NO1メニュー」という単一商品の仕込みを一気にやってしまうため、仕込み時間も短縮することができます。

4. 食材ロスが減少する

「NO1メニュー」を設定し、お客様への認知も広まってくると、他のメニューの出数が減ってきます。そうなればメニュー数を減らしたり、「NO1メニュー」と同じ食材を使ったメニューに差し替えるなどの工夫をします。その結果、食材ロスや自家消費を減らすことができます。また、同一商品がたくさん出るようになると、食材の回転が速くなるため、自然にロスは減っていきます。

5. 原価率が下がる

先の4にあるように、ロスが減ることで原価率は下がります。また、仕入れる食材の種類を減らし、少ない種類の食材を大量に仕入れることにより、仕入れ業者への値下げ交渉も可能になります。

6. 提供スピードが速くなる

「NO1メニュー」の注文率が上がれば上がるほど、調理の習熟度も上がり、オペレーション業務全体が効率化されていきます。結果、提供スピードは速くなります。また、キッチンスタッフへの教育もしやすく、調理業務を仕組み化しやすくなるメリットもあります。

7. 自分のお店に自信が持てる

この点は意外に見逃されがちですが、非常に重要なメリットです。「NO1メニュー」が評判になり、お店に人が集まるようになると、経営者はもちろんのこと、お店で働く社員やアルバイトに至るまで、自店への自信や誇りの気持ちをもてるようになります。「うちのお店は○○がおいしいんだよ」とまわりの人に紹介できますし、「うちは○○では、どこにも負けない」とか、「市内で一番○○がおいしい」という評判はお店で働くすべての人にいい影響を与えます。お店の雰囲気がよくなり、離職率が下がるというメリットさえもたらすのです。

いかがでしょうか？「NO1メニュー」をつくることでこれだけのメリットを得られるのです。取り組まない手はないでしょう。

03

「NO1メニュー」を見出すための4つの条件

まずは、「NO1メニュー」となり得る4つの条件を紹介します。**最低3つの条件をクリア**していないと「NO1メニュー」とはいえません。

1．メニュー自体に差別化要素（インパクト）がある

競合店より味がいい、競合店にない、競合店より圧倒的にボリュームがあるなど、メニュー自体に強みがある商品であることが最も重要な条件です。

2．人気があり、多くのお客様が注文する

ラーメン店やレストランのように、注文数が少ない業態の場合は、最も人気がある商品であること、居酒屋や焼肉店のように注文数が多い業態では、お客様の5割以上が注文するメニューであればOKです。

3. 原価率が低い

メニューの標準原価率は業態によって異なりますが、やはり原価率が35%以下をクリアしていることが1つの条件です。

※ただし、刺身や焼肉など、素材そのものや鮮度を売りにした商品の場合、原価率の高さが①の差別化要素を支えている傾向があるため、難しい場合もあります。しかし、最もよく出る商品の原価率にこだわり続けることが、収益性の高い強いお店をつくっていきます。「原価の高い商品を出せば良い」という安易な発想に陥らないように注意しましょう。

4. 提供スピードが速い

「NO1メニュー」は最も注文が入るメニューです。注文が集中したときにも、お客様を長く待たせることなく提供できることが必要です。お店にとって手間と時間がかかりすぎるメニューは最初から避けるか、改善する必要があります。

すでに「NO1メニュー」の候補や、強みをもった売りのメニューがあるという場合は、そのメニューをさらに高いレベルへ磨き上げていきましょう。しかし、現状のメニューにないという場合は、次から具体的に「NO1メニュー」をつくる2つの方法を紹介します。

04 いまあるメニューから「NO1メニュー」を選び出す

「うちにはNO1メニューの条件を満たすメニューはないなあ」とか、「私の店ではつくれそうにないなあ」と思った人もいるかもしれません。

しかし、心配はいりません。その気になれば、あなたのお店でも「NO1メニュー」を必ずつくることができます。

先にあげた、4つの条件を思い出してください。

1. メニュー自体に差別化要素(インパクト)がある
2. 人気があり、多くのお客様が注文する
3. 原価率が低い
4. 提供スピードが速い

これらの条件に1つでも多くあてはまるメニューを選び出すのです。ただし、最初から

4つの条件がそろっていなければいけないということではありません。極端にいえば、条件1さえきちんとクリアしていれば、あとはなんとかなります。条件1はそれほど重要なのです。競合店より味がいい、競合店にない、競合店より圧倒的にボリュームがあるなど、差別化できるメニューであることが最も重要です。

例えば、「あまり出なさそうなメニューだけど、食べてもらえばわかる」とか、「このメニューだけを食べに来る人がいる」というメニューは、「NO1メニュー」へ育てられる可能性があります。

具体的には、条件2は、メニューブックを工夫すれば注文数を簡単に上げられます。条件3は、ポーション（量）を減らしたり、食材や付け合せ、盛り付けなどを変化させれば、原価率を下げられます。条件4は、調理工程を見直したり、仕込み方法を変えればスピードアップを図ることができます。

つまり、条件2〜4をクリアすることはさほど難しいことではないのです。

私の支援先である焼肉・ホルモン料理「とんぼ」は、良質の和牛を中心にした客単価4500円程度の焼肉店です。このお店では、カルビ、タン、ロース、ハラミ、サガリ、そしてホルモンと、商品力の高いメニューがそろっていました。同時に、一品料理の種類も充実しているお店です。

しかし、数年前の牛肉の価格上昇に伴い、原価率が非常に上がっていました。さらに飲食全体の市場縮小に伴うように、売上昨年対比が下がってきていました。売上は下がり、仕入れ値は上がるというダブルパンチだったのです。

最初にお店にお邪魔した際、私は村田オーナーに質問しました。

井　澤「いろいろありますが、どのメニューが一番おすすめですか？」

オーナー「そうですね、全部おすすめですね！」

村田オーナーはもともと精肉店に勤務されており、肉の仕入れには絶対の自信があるのです。その目利きで仕入れた良質の肉です。村田オーナーの気持ちは確かによくわかるのです。

さらにお話を伺っていると、

オーナー「タンなんかは、たまに原価率が100％を超えるんですよね……」
井　澤「え？　それじゃあ、売れば売るほど赤字じゃないですか！」
オーナー「けど、肉の質は絶対に下げたくないんです！」

こんなやりとりをした結果、支援することになったのですが、この時点でお店全体の原価率は約45％でした。ちなみに飲食店の一般的な平均原価率は35％ですから、平均よりも10％高い状態でした。そこで、原価率を下げることが最優先課題だと判断しました。

村田オーナーのご要望どおり、肉の質を下げずに原価率を下げるために、肉以外で柱となる強い商品をつくり、全体の原価率を下げる方法を取りました。

このお店の強みの1つであるホルモンを使った「味噌ホルモン鍋」という商品を「NO1メニュー」に設定しました。それにより、売上を上げると同時に原価率を約35％まで下げることに成功しました。

「味噌ホルモン鍋」という「NO1メニュー」の注文率を圧倒的に高め、村田オーナーのご要望どおり、すべての肉の質を落とすことなく、原価率を10％下げることに成功したのです。

この「味噌ホルモン鍋」という商品は、もともとは「ホルモン鍋」の味噌味という目立たないメニューであり、注文数もかなり少なかったものでした。

そのメニューに少し改善を加えることで、商品力が高く、差別化要素もあり、原価率も低いメニューになったのです。

そして、思い切ってこのメニューを「ＮＯ１メニュー」に設定することで、お店の売上が上がり、原価率が下がり、「ＮＯ１メニュー」によってリピートが生まれました。「とんぼは味噌ホルモン鍋がおいしい！」というように、ブランド化も実現することができたのです。

余談ですが、原価率が10％下がるということは、月の売上が５００万円の店舗であれば、毎月50万円の粗利が残り続けるということです。年間で６００万円となります。

メニューの改善によるインパクトの大きさが、よく伝わるかと思います。

05

「NO1メニュー」を新たにつくり出す3つの方法

「うちでは差別化できるようなメニューはない」、「どうしてもありきたりなメニューになってしまう」というケースもあるでしょう。

NO1メニューを新しくつくり出す方法もあります。具体的には次の3つの方法があります。

1．既存商品をベースとして新しくつくり出す

既存商品のある食材を活かしてまったく新しいメニューをつくったり、既存商品に大幅な手をくわえて新しいメニューを生み出す方法です。

例えば、希少価値のある食材を仕入れるルートがあるのなら、その食材を売りにしたメニューをつくるのも1つの方法でしょうし、既存商品にインパクトのある味付けをして、新しいメニューをつくり出すのも1つの方法でしょう。

2．繁盛店の商品を参考に新しくつくり出す

繁盛店で売れているメニューを参考にして、新しいメニューをつくり出す方法です。もっとわかりやすくいうと、他店の商品を「マネる」ということです。

ただマネをするのではなく、より自店らしい工夫を加えるようにしましょう。例えば、自店のターゲット層に合わせた味付け、ポーション（量）、盛り付けなどを考えてみることです。あるいは、食材の一部を変えれば、メニューの印象がガラっと変わることがあります。自店なりのアレンジを行いましょう。

ただし、近くのお店の商品を露骨にマネるのはやめましょう。基本的にオリジナル以上にいい商品をつくることは難しいですし、お客様はどっちがマネをしているのかにすぐ気がつくものです。いろいろ勘案すると、あまりいい結果を生みません。

3．繁盛店に教えてもらう

これは、意外におすすめです。むしろこの方法によって、もっとも効果的にNO1メニューをつくれる場合もあります。

その方法は、隣の街の繁盛店にお願いして、人気メニューを教えてもらう方法です。

「そんなの、無理に決まってる！」

そう思うかもしれませんが、問題ありません。これを提案すると、ほとんどの方は人気メニューのレシピを他のお店に教えるわけがないという反応をします。

私からすると、それは思い込みであり、実際には教えてもらうことができます。事実、私はこれまで何度も秘密の人気メニューを教えてもらったことがあります。なかには、つくっているところをビデオで撮影までさせてもらったこともあります。

飲食店は商圏が狭い商売です。隣の街、もしくは市外まで行けば、お客様を取り合うことはほとんどありません。料理人の方は、自分の料理を教えてほしいという人に対して悪い印象をもたないことが多いものです。むしろ喜びや励みにする人もいます。

では、以下に人気メニューを教えてもらう具体的な手順を紹介します。ぜひ、実践してみてください。

手順1．噂の人気店を探す
手順2．お客として食べに行く
手順3．二～三度通って、料理人と顔見知りになる

手順4．電話をするか、お店に訪問して、直接お願いする

手順5．数日間、お店のお手伝いをするなど、教えてもらう姿勢をとる

これらの手順で、本当に大事なことは「教えてください」という素直な気持ちです。「いまのままでは、店がうまくいくとは思えない。なんとか教えてもらえませんでしょうか？」

こういう気持ちが大事なのです。当然ですが、メニューに「あの○○店直伝！」というように、教えてもらったお店の名前を出し、よい影響があるようにします。

ただ、なかには金銭を要求されるケースもあるかもしれません。その場合は、資金繰りの面で問題が出ない程度の額をお支払いしましょう。人気メニューは、その方の経験と苦労と時間が凝縮されたものであり、非常に価値のあるものです。払える金額であれば、ありがたくお支払いしましょう。

以上が「NO1メニュー」をつくる方法です。

どうですか？　そんなに難しくありませんよね？

やる気があれば、あなたのお店でも必ず「NO1メニュー」を生み出すことができます。

06 一品強化？ メニューの幅広さ？どちらがいいの？

さて、読者のなかには次のような疑問をもつ人もいるかと思います。

「あれ、最初は幅広いメニューで成功したといってたのに、次はＮＯ１メニュー？」

確かにそうですよね。私は奇抜な業種や単一メニューを避け、地域の需要に合わせて、幅広いメニュー構成で開業したほうがいいといいました。しかし、「ＮＯ１メニュー」はまさしく単一メニューに近い話です。

「なんだか、矛盾してないか？」

いいえ、決して矛盾はしていません。

もし、あなたがいまから開業する場合、まずは幅広いメニュー構成にすることをおすすめします。そのなかで、NO1メニューになり得る商品を、ある程度決めておいてください。ただし、実際にお店をオープンすると、NO1メニュー候補の商品は人気がなく、意外に他のメニューに注文が集まることもあります。その場合は、人気のあるものをNO1メニュー候補にするのも1つの方法です。

例えば、すでに地域で評判のNO1メニューをもつお店があるとします。その店舗でNO1メニューが生まれた過程を聞いていくと、最初から決め打ちで設定して成功したというパターンはそれほど多くありません。多くのメニューがあるなかで、人気があり、口コミで噂になり、NO1メニューに育っていったというパターンが多いのです。

フランチャイズなどの場合は、確かに最初から売りのメニューをコンセプトにすることがあります。それも結局は、地域の人気店が時間をかけて育ててきたメニューを、スピーディーにNO1メニューとして展開しているだけのことです。

気づいている人もいるかと思いますが、NO1メニューが生まれる過程には、次の2つのパターンがあります。

パターン1．幅広いメニュー　→　NO1メニューを選び出す

まず、幅広いメニュー構成で開業し、さまざまなおすすめ商品やメニューを変更していくなかでNO1メニュー候補を選び出し、育てていくパターンです。

NO1メニューを選びきれなかったり、商品力に自信がなかったりする場合は、幅広いメニュー構成からはじめるのがいいと思います。

パターン2．NO1メニューを事前に決めておく　→　どんどん改良していく

もう1つのパターンは、最初からNO1メニューを決めておき、お客様にどんどんおすすめしながら声を聞き、お客様や見込み客に合わせてメニューを改良していくパターンです。最初からかなり自信のあるメニューが存在している場合はこちらのパターンがいいでしょう。

最も理想的なのは、「メニュー構成は広いが、NO1メニューの注文率が高い」状態です。

お客様からすると売りのメニューもありつつ、幅広い使い方ができるお店です。このコンセプトが、超低リスク戦略の1つの重要な要素です。

富山に、麺飯店業態を複数展開されている「中国麺飯店 王虎（ワンフー）」というお店があります。交通量の多い道路沿いの郊外店立地、おもにコンビニの跡地を改装してお店をつくっています。

このお店は、「地域の人や店前の通行者を幅広く集客できる」のが戦略上の強みです。平日の昼はスーツを着た営業職などのサラリーマンや、作業着姿の男性、ＯＬさんや中高年夫婦が車で来店されます。また、平日の夜はカップルや男性１人客も多く、週末は家族連れ、カップル、県外観光客など、さまざまな客層を集客しています。

そのため、商品はラーメン十数種、チャーハン、天津飯などのご飯物十数種、その他ギョーザや中華の一品料理までそろえています。さらに、サラダやデザートもあり、大変メニューの幅が広いお店です。

この王虎がまだ１店舗で売上も低かったころ、ミーティングでＮＯ１メニューについて話したことがあります。

そのとき、鬼原オーナーは、こうおっしゃいました。

「井澤さん。うちでは、どの商品をＮＯ１メニューにしたらいいんですかね？」

確かに王虎では、メニューの幅が広いために、お客様の注文がバラバラなのです。ラーメンを食べる人の割合は高いのですが、ラーメンも十種類以上あるため、注文がばらついているのです。さらに、各メニューの商品力を見ると、1つのメニューが抜群にうまいというのではなく、各メニューの平均点が高いのが特徴です。

そこで王虎では、当時の段階で無理にNO1メニューを設定する必要はなく、麺と飯という2本柱の中で強いメニューを育てていくという方針をとることにしました。

結果、麺メニューにおいては、「炙り王虎らーめん」、飯メニューにおいては、「ゴロゴロチャーハン」という2つの強いメニューが育っていきました。

そして、強いメニューが認知され、育ってくるのと合わせるように、当初は周辺の競合店にかなわなかった売上が、どんどん伸びていきました。現在、王虎1号店では、席数40席程度にもかかわらず、売上実績は周辺の競合店から抜きん出ており、地域1番店として地元に根ざしています。

現時点では、柱となる「炙り王虎らーめん」と「ゴロゴロチャーハン」の注文率は確実に上がってきています。しかし、大きく外部環境が変化しないかぎりは、メニューの幅の広さは維持したまま、ゆっくりとこの2つのメニューを育てていく方針です。

幅を広げる戦略が、奏功している好例といえるでしょう。

幅を広げる際に困るのが、どうしても苦手なジャンルがあることです。

例えば、和食の職人はデザートをつくることが苦手なことが多いのです。

以前ご支援していた居酒屋のオーナーは和食の職人であり、デザートのアイディアが湧かないと悩んでいました。ターゲットとなる女性客は、やはりデザートが充実しているかどうかでお店を判断します。現状のデザートであるシャーベットは既製品を出しているだけ。インパクトがありません。

そこで、フランチャイズの居酒屋や焼肉店を数店舗食べ歩き、お店でも出せそうなデザートを数点選び、フランチャイズのデザートを参考に新メニューをつくってもらいました。

フランチャイズのお店で出されるデザートは流行のポイントを押さえていますし、それほど技術や手間をかけずに提供できるものばかりです。

フランチャイズはマネするにはもってこいなのです。

フランチャイズを脅威に感じるのではなく、いい点は素直に学び、マネをすること。そして、フランチャイズにできない自店の強みを強化していくことが大切です。

07
メニューブックはお客様に最も近い完璧な営業マン

私が飲食店を支援する場合によく感じることは、メニューブックづくりを真剣に行っていないお店が多すぎるということです。

例えば、フランチャイズのお店ではきちんと計算されてつくってあるものが多いのですが、地元で展開しているお店などでは、あまり工夫のないものが多く見られます。

私が考えるメニューブックの理想は、全テーブルに完璧な営業マンを1人ずつ配置することに似ています。その営業マンは、経営者のあなたに頼らず、スタッフに頼らず、もくもくと完璧に仕事をこなします。

その仕事とは、常にお店の利益を考えながら、お客様におすすめ商品を提案し、お店の考えや思いを伝え、おいしい食べ方を伝え、そして、お客様に再来店を促すことです。

店舗が大きくなればなるほど、お客様が増えれば増えるほど、それに比例して、その仕事は、大きな効果をもたらしてくれるのです。

その理想を現実にする戦略的メニューブックについて、次ページから紹介します。

08

「戦略的メニューブック」をつくる4つの目的

では、具体的にどんなメニューブックをつくればいいのでしょうか?

お店の集客を増やし、利益を上げるメニューブックを、私は**「戦略的メニューブック」**と呼んでいます。以下に戦略的メニューブックの目的と作成方法をくわしく説明します。

まずは、戦略的メニューブックをつくる目的について考えましょう。

メニューブックは、ただ単にメニューと価格をお客様に伝えるだけのものではなく、以下のような目的をもつべきだと私は考えます。

1．オーダーをコントロールする
2．原価率をコントロールする
3．客単価をコントロールする
4．リピート・口コミを促進する

戦略的メニューブックをつくる目的

- オーダー、原価率、客単価をコントロールできる
- リピート・口コミを促進できる

お店の戦略と強いつながりをもたせられる

1〜3は、メニューブックを改善し、お客様のオーダーをコントロールすることで達成できます。つまり、お店側が食べてほしいメニューを、お客様にその通り注文してもらうことにより、商品力のあるメニューやおすすめメニューを提供できるようになります。

それだけでなく、原価率の低いメニューの出数を増やしたり、客単価の高いメニューの出数を増やすことも可能になります。

結果、原価率も客単価も自由自在にコントロールできるということです。

4は、お客様に商品力のあるメニューを食べてもらい、満足度を高めることで、リピート・口コミを促進できます。

09 「戦略的メニューブック」を作成する4ステップ

次に具体的な戦略的メニューブックの作成方法を紹介します。わかりやすいように、先にあげた焼肉・ホルモン料理「とんぼ」の事例を元に説明していきます。

戦略的メニューブックの作成は以下の4ステップで行います。

ステップ1．メニュー作成の目的・目標を決める
ステップ2．全メニューに点数をつける
ステップ3．出すべきメニューを絞り込む
ステップ4．出すべきメニューを顧客心理にあわせてレイアウトする

それぞれのステップを具体的に見ていきましょう。

ステップ1．メニュー作成の目的・目標を決める

まず、とんぼにとって今回の戦略的メニューブック作成の一番の目的は、「原価率の低減」でした。具体的な目標としては、38％程度まで原価率を下げることでした。

そして、NO1メニューを食べてもらい、おいしさを知ってもらうこと。それから、NO1メニューを浸透させ、リピートや口コミを増やすことが狙いでした。

例えば、「客単価を上げること」や、「注文数は少ないが、自慢のメニューを人気メニューにする」や、「回転率を上げること」を目的・目標に設定してもOKです。自店の開業後のイメージをしながら目的・目標を設定したり、すでにメニューブックがある場合は、現状の課題を解決できる目的・目標を設定しましょう。

ステップ2．全メニューに点数を付ける

目的が決まれば、メニュースコア表に全メニューを書き出し、それぞれ点数を付けましょう。点数は0点、2点、4点の三段階評価で行います。点数を付ける項目として、原価率、商品力、人気度、スピードの4つの要素があります。

ステップ3．出すべきメニューを絞り込む

各メニューの総得点が出そろったら、次は高得点のメニューをチェックします。目的・目標に応じて、点数配分を設定します。

この総得点が高い商品こそ、お店として最優先で出すべきメニューなのです。お客様にとっても、商品力が高く、人気があり、提供スピードが速い、いいメニューです。

よって、カテゴリーごとに数種類を選び出し、優先的に出すべきメニューとして絞り込んでおきましょう。ちなみに、ここで高得点を取るメニューの一部は、すごく意外なものであることが多いのです。

ステップ4．出すべきメニューを顧客心理に合わせてレイアウトする

さて、いよいよメニューブックのレイアウトです。

まず、写真付きで載せることです。もちろん、写真付きのメニューはよく出るからです。ただし、写真付きがいいからといって、ほとんどのメニューを写真付きにしてしまうのもいけません。肝心なのは、「出すべきメニューを目立たせること」です。

写真付きばかりだとメニュー同士の差が付きにくく、お客様のオーダーがばらついてしまいます。写真はあくまで、出すべきメニューを出すという「目的」を達成するための「手段」なのです。

メニューブックには写真を使いたくない、使いづらい業態の場合は、文字の大きさやメニューのスペースを大きく使う、説明書きを付け加える、頭に「おすすめ」マークを付けるなどの工夫をして、出すべきメニューが出やすくなる工夫を行いましょう。

そして、レイアウトとして、メニューブックの左上部分に最も出すべきメニューを載せるようにします。よくいわれることですが、人の目線は「Z型」の流れに沿って動くと言われているため、左上のメニューの注文率は高まるのです。

ここまでが戦略的メニューブックをつくるステップです。具体的な例については、先ほどふれたお店「とんぼ」で説明します。次ページで確認してください。

とんぼでは、このメニューに変えた後、約1か月半で原価率を10%下げることに成功しました。

村田オーナーからは、次のような感想を頂きました。

「井澤さん、ここまで設計した通りになるとは思いませんでしたよ。これまでとは出る商品がまったく変わりましたね。しかもお客さんもうちの自慢の商品をきちんと食べてくれるので、満足度も上がっているようです」

ステップ1．メニュー作成の目的・目標を決める

目的

①原価率を下げること
②NO1メニューのおいしさを知ってもらい口コミを増やす

目標　数値で具体的に設定する

原価率　現状 45%→38%

ステップ2．全メニューに点数を付ける

目的に応じて点数配分を大きくする

メニュー名	価格	原価	原価率	原価率	商品力	人気度	スピード	合計	原価重視
牛ホルモン	579	160	27.6%	2	4	2	4	12	14
牛レバー	703	280	39.8%	0	2	0	2	4	4
牛ハツ	551	42	7.6%	4	2	0	2	8	12
センマイ	551	68	12.3%	4	2	0	4	10	14
トノミノ	579	168	29.0%	2	4	2	4	12	14
てっちゃん	741	210	28.3%	2	4	4	4	14	16
豚バラ	551	117	21.2%	2	4	4	4	14	16
豚ホルモン	551	120	21.8%	2	4	2	4	12	14
豚なんこつ	551	150	27.2%	2	2	0	4	8	10
コブクロ	551	97	17.6%	4	2	0	0	8	10
鳥皮	456	138	30.3%	2	4	2	0	8	10
鳥モモ	456	60	13.2%	4	4	2	4	14	18
五目ウィンナー	380	84	22.1%	2	4	2	4	12	14
ベーコン	456	120	26.3%	2	4	0	4	10	12

0点、2点、4点で
三段階評価する

ステップ3．出すべきメニューを絞りこむ

総得点の高いメニューをチェックする。

商品力・人気度ともに高いが、スピードが遅く混雑時には致命的。総合ポイントも高くない

原価率を下げるのが目的なので、原価率の配分を大きくしたポイント（他の項目の2倍）

メニュー名	価格	原価	原価率	原価率	商品力	人気度	スピード	合計	原価重視
とんぼ炒飯	648	150	23.1%	2	4	4	0	10	12
キムチ炒飯	648	150	23.9%	2	2	0	2	6	8
そぼろごはん	456	100	23.1%	2	2	0	4	8	10
かけそば	286	70	24.5%	2	4	0	2	8	10
ざるそば	552	100	18.1%	4	4	4	0	12	16
ざるうどん	552	100	18.1%	4	4	0	0	8	12
牛タン丼	743	200	26.9%	2	2	2	0	6	8
和風クッパ	496	70	14.1%	4	4	4	2	14	18
和風ユッケ丼	752	100	13.3%	4	4	―	4	12	16
メンチカツ	362	100	27.9%	2	4	4	4	14	16
串カツ	457	45	9.8%	4	4	―	4	12	16

新メニューとして開発。驚異の原価率を実現！

原価重視スコア 18点、原価率 14.1%。その他の数字もいい

総得点は高いが、原価率が高い

「とんぼ炒飯」の出数を抑え、「和風クッパ」「和風ユッケ丼」の出数を増やすようにメニューブックをつくる。

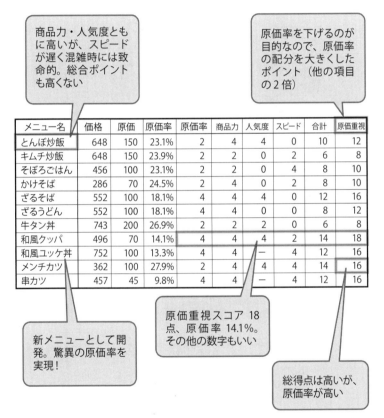

一品料理
揚げ物
とり唐 480円
手羽唐 480円
白えびから揚げ 480円
あじフライ 480円
とんかつ 480円
パリパリウィンナー 480円
牡蠣フライ 580円
すりみ揚げ 780円
キス天ぷら 580円
穴子天ぷら 780円
かつ玉子とじ 580円
メンチカツ 380円
特製串かつ 480円
衣はサクサク、中の肉は旨みたっぷり。こだわりの手作り串かつです。
じゃがバター 380円
揚げ出し豆腐 480円
チーズスティック 480円
お酒のおつまみ
あんばやし 380円
牛すじ煮込み 580円
枝豆（茶豆） 290円
普通の枝豆ではありません。濃厚な香りと味が抜群です。
ししゃも 380円
げそわた焼き 480円
やっこ 250円
豚足 380円
サラダ・漬物
サラダ 580円
かっぱ 350円
冷製トマト 480円
つけもの 370円
中華くらげ 380円
キムチ 380円
カクテキ 380円
温玉キムチ 480円
チャンジャ 610円
辛子めんたいこ 380円
キムチ盛り 580円
ご飯・麺類
人気のまかないメニュー
和風ユッケ丼 790円
〆はやっぱり
ざるそば 580円
キムチ炒飯 690円
ごはん 180円
味噌汁 150円
かけそば 380円
ざるうどん 580円
お茶漬け風
和風クッパ 520円
とんぼ炒飯 690円
カルビ弁当 1200円

得点の高かった脇役メニューは写真を使って目立たせる

ステップ4. 出すべきメニューを顧客心理に合わせてレイアウトする

結果：約1か月半で原価率 10%削減に成功。当初の目標・目的を達成

10 オーダーをさらに集中させる「すぐ効く」技術

前項で紹介したようにオーダーをコントロールすることにより、さまざまな改善を進めることができます。そして、それでもさらにオーダーを一部の商品に集中させたい場合に、比較的簡単に取り組める方法を紹介します。

1．差し込みメニューをつくる

非常に簡単ですが、グランドメニューのほかに「差し込みメニュー」をつくることです。内容は売りたいNO1メニュー、季節の売りメニューのみを掲載します。

NO1メニューであれば、一品のみを載せ、季節メニューなどの場合は、最大3～4品まで掲載数を抑えることでオーダーを集中させることができます。

2．スタッフからのおすすめが強い後押しになる

もう1つの方法は、スタッフが口頭でおすすめすることです。

例えば、お飲み物のオーダーを受けた際に、差し込みメニューやグランドメニューを見せながら、

「こちらは当店の名物メニューです。ほとんどのお客様がご注文されます。ぜひどうぞ」

とひと言おすすめするのです。

この方法で注文率はさらに高まります。お客様にとってわかりづらいメニューや普段食べないようなメニューをおすすめする場合はこの声かけが重要になってきます。

お客様から「おすすめは何？」と聞かれたときに、意外にきちんと答えられないスタッフが多いものです。即座にはっきりと答えられれば、お客様に好印象をもってもらうこともできます。

ぜひ、一度お試しください。まだ取り組んでいない場合は、効果の大きさに驚くはずです。

第4章 まとめ

メニュー戦略での間違いとチェックポイント

「めずらしい」から「繁盛する」とはならない！

□ メニューは一般的にお客様の求めるものに合わせる

お店の「売り」のメニューがない！

□「NO1メニュー」には7つのメリットがある
□ ４つの条件は、差別化要素（インパクト）、オーダー数、低い原価率、提供の速さ
□ 条件を満たす、既存のメニューのなかから選び出す
□ 条件を満たさなければ、既存商品を改良、繁盛店をマネる、教えてもらってつくり出す
□「メニュー構成は広いが、NO1メニューの注文率が高い」状態が理想

メニューブックづくりを真剣に行っていない！

□ メニューブックは完璧な営業マンだと心得る
□「戦略的メニューブック」をつくれば、オーダー・原価率・客単価をコントロールし、リピートを促進できる
□ 目的・目標を設定し、全メニューの点数化、出すメニューの絞り込み、「Z」の流れを意識してレイアウトする
□ 差し込みメニュー、スタッフのおすすめは効果絶大

第5章

資金繰りを安定させる超低リスクの財務戦略

開業希望者のなかには、会計や財務についてまったく知らないというリスクを抱えている人が少なくありません。資金繰りについて、基本的かつ重要な知識を紹介します。

01

知らず知らずにはまってしまう黒字廃業の6つの落とし穴

プロローグで、儲かっていてもつぶれるリスクがあることを話しました。事例として紹介した焼肉店のオーナーは、当時はキャッシュフローについて正しく理解できていなかったために資金繰りに苦しんでいました。

経営者がよく陥りがちな6つの落とし穴を紹介します。

落とし穴1．「キャッシュフロー上の損益分岐点」の金額を理解していない

まずは、「黒字廃業」に陥る1つめの落とし穴を紹介します。

サンプル店の事例から、お金の罠にはまりやすい個人事業の飲食店の収支とお金の流れを見ていきましょう。左ページの図は私がお金の流れを簡単にイメージしてもらうために使う図です。あくまでイメージ図として捉えてください。

個人事業のお金の流れ

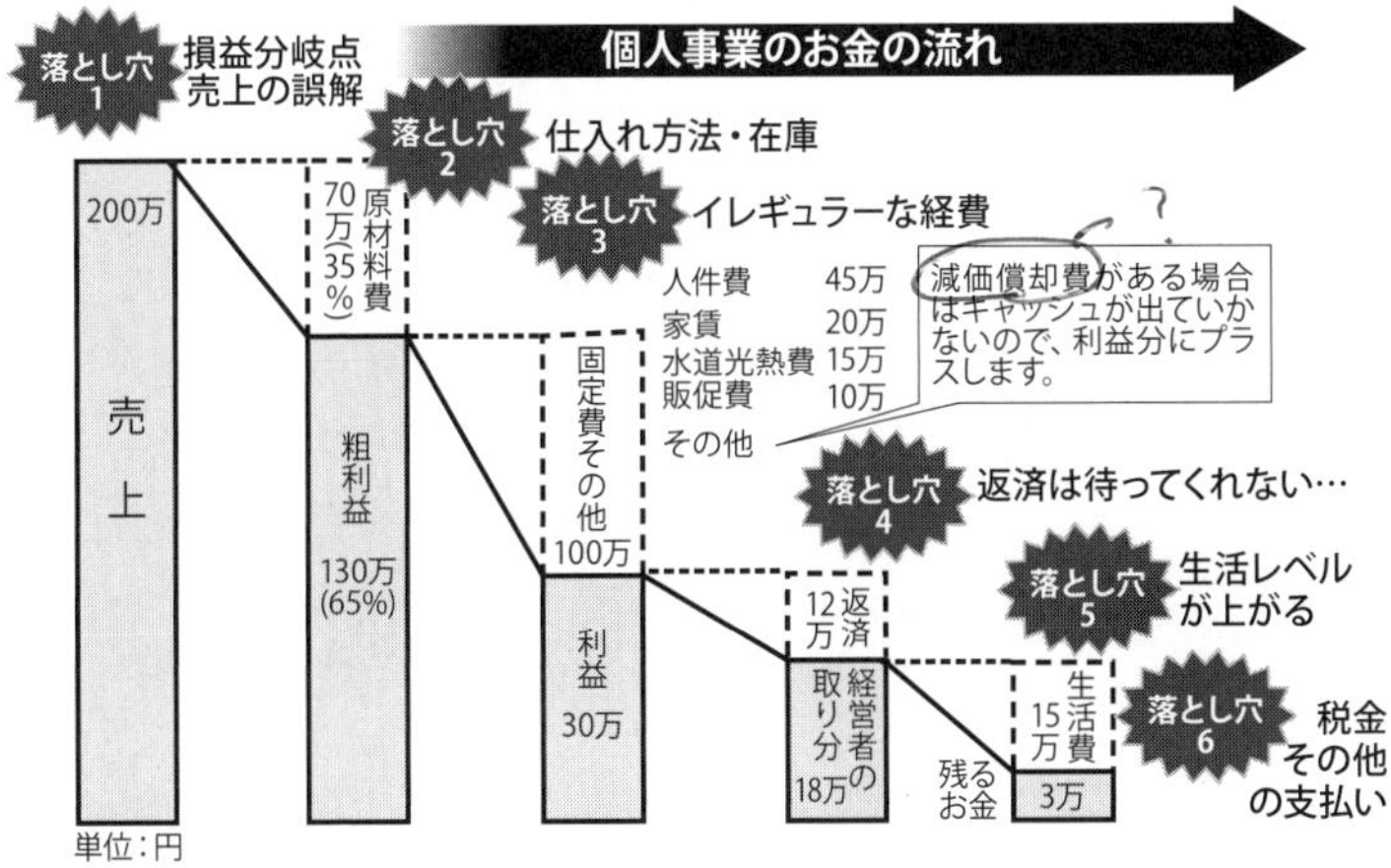

この図は、左から右へと見ていきます。

まずは、一番左側です。今月の売上が200万円だったとします。売上はすべて現金で頂き、お店の口座に入金されます。そのなかから、食材やお酒など、原材料の請求が来て、支払います（売上から原材料費を引いて、残ったものを粗利益といいます）。

さらに、人件費や家賃、水道光熱費、販促費など、お店にとって必要なその他の経費（販管費）を支払います。結果、残った30万円が、いわゆる「利益」になります。

「やった！　30万円も利益が出たぞ！」

と喜ぶのは早いです。

次に利益の30万円から、借入の返済額12万円を払います。この残った18万円が基本的に経営者の取り分となります。このお店のオーナーが最低限必要な生活費として15万円かかるとすると、3万円が残る計算になります。

「けど、3万円残れば上出来じゃない。飲みにも行けるし！」

そう考えたいのですが、この発想はかなり危険です。なぜなら、まだまだ支払うべきものが残っているからです。

例えば、税金です。消費税の支払い、所得税の支払いが待っています。消費税だけでも、売上の5％です。毎月200万円平均で年間2400万円の売上だった場合、2400万円の5％は、120万円になります。ちなみに、2年前の売上高が年間5000万円以下の事業者は、申請すれば簡易課税という簡単な方法で消費税計算ができます。飲食業の場合は売上の消費税の60％を差し引くことができるので、120万の40％の48万円が納税額になります。

消費税だけで年間48万円の負担があり、月3万では、年間36万円しかお金が貯まらず、まったく足りなくなるわけです（ちなみに、2009年度現在、個人事業における消費税は、事業をはじめて最初の2年間は免除されます）。

また、事業として利益が出ている以上、手元にお金がなくても、所得があるとみなされます。一定額の所得があれば、所得税、住民税の支払いが必要となります。

ほかにも、国民健康保険や年金の支払いなど、個人事業ではさまざまな支払いを、すべて自分の所得のなかからやりくりしなくてはなりません。

例えば、独身で扶養家族のいない個人事業主が、前年も同じ売上で毎月30万の利益を出していたと仮定します。税金の細かい計算は難しくなるので、くわしくはいいません。ここはあくまでざっくりとした必要金額を理解して頂くため、サンプルの数字を出します。

個人事業の利益が月30万円×12か月で年間360万円になります。つまり、所得が360万円になった事業主が青色申告をしたケースを考えてみます。あくまでサンプルとして一般的なケースを想定して、所得税と住民税の合計を20年度の税額方法で計算してみると（計算方法は複雑になるので省きます）、37万円程度の税額となります。

また、国民年金は年額18万円と仮定します。国民健康保険料は地域やその他さまざまな条件によって計算方法が異なるため、一概にいえませんが、仮に年額20万円と仮定しましょう。そうなると、先程の所得税、住民税の37万円と合わせて、年間75万円のお金がかかります。

あくまで仮の数値でざっくりと試算した額ですが、消費税の48万円と合わせると年間**123万円**にもなります。月3万円しか残らない場合、まったくお金が足りないことが理解頂けると思います。

「え？　そしたら、月200万円の売上じゃあ、全然ダメじゃない？？」

そうなんです。このサンプル店の現状では、月200万円の売上では、「利益は出ても、資金繰りがショート」するのです。

しかし、この明確な事実を多くの飲食店オーナーは理解していません。

お店単体の損益分岐点は把握していても、**事業主であるオーナーの生活も含めたキャッシュフロー上の損益分岐点を正確にいえる方は少ない**のです。何年も経営してきて、わかってきたというオーナーは多いと思いますが、開業して間もない1年目、2年目では、把握している人の割合は低いでしょう。

実際に、損益計算書・貸借対照表などの会計的な知識以外にも、納税などの税務的な知識が必要であるため、正確な数値を出すことは簡単ではありません。しかし、ある程度の目安をもっておくことが重要なのです。

基本的なお金の流れ

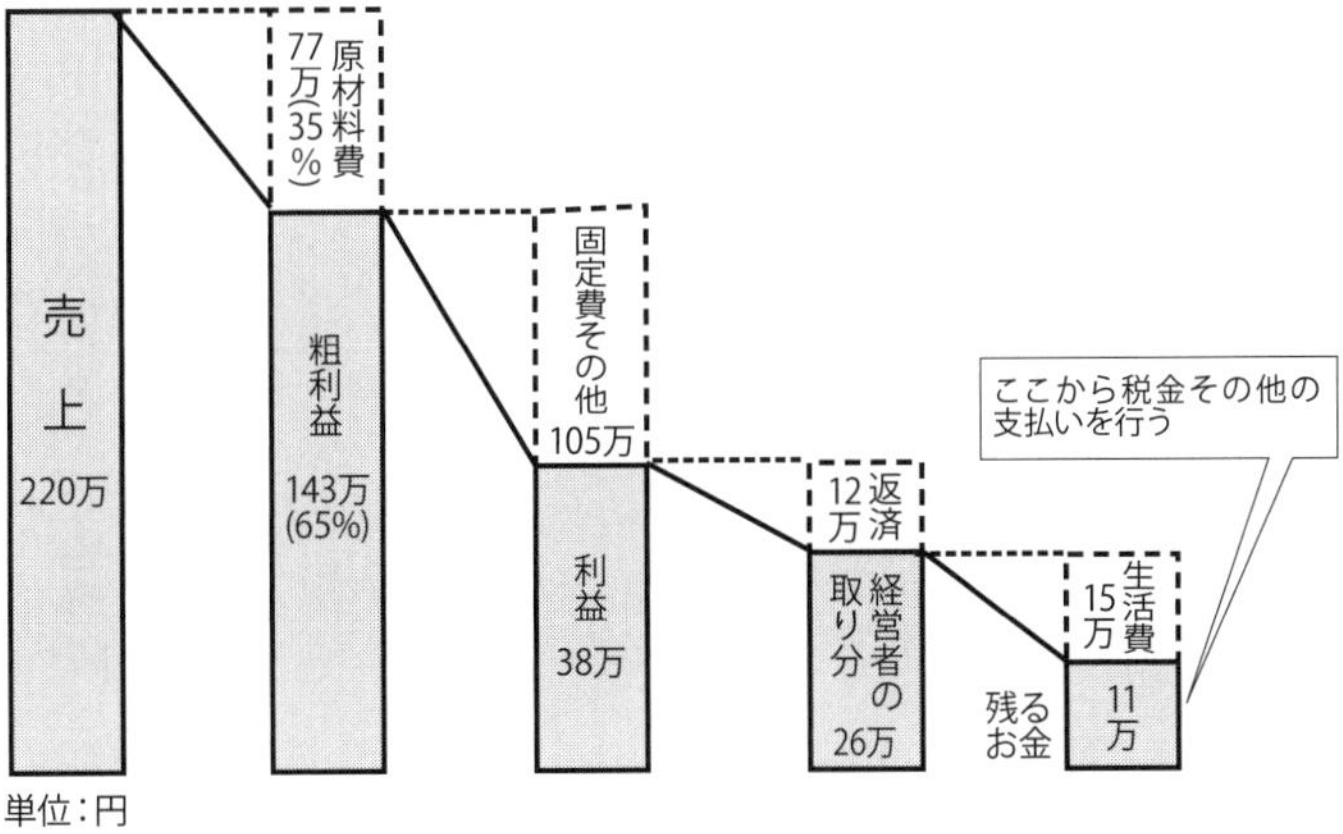

「儲かっているはずなのに、お金がない」というオーナーは、この「キャッシュフロー上の損益分岐点」の金額を理解していない、もしくは、現実よりかなり低く見積もっているケースが多いのです。

このサンプル店のケースで考えた場合、毎月220万円程度の売上があれば、利益は約38万円です（上図参照）。返済とオーナーの生活費を引いても、約11万円のお金が残ります。月11万円×12か月＝年間132万円となり、このお金で各種税金やその他の支出を支払えば、なんとか資金繰りを回していけるはずです。

ただし、より現実的にいうと、税金の支払いは前期分を今期中に支払うことになるので、売上が上がって現金が入ってくるタイミングと、税金の支払いとして出て行くタイミングにズレが生じます。同時に、毎月の売上や出費は当然ながら一定ではないため、現実の資金繰りはこのシミュレーションのようには安定しないので、注意が必要です。

くわしくは、次の落とし穴からまた説明していきます。

続いて、175ページの図で示したお金の流れを見ながら、他の落とし穴を見ていきましょう。

落とし穴2．原材料の仕入れ方法を間違えてしまう

その2は原材料の仕入れに関しての落とし穴です。これは焼肉店での肉に代表されるような、食材をブロック単位、大量ロットで仕入れる場合に見られます。日本酒や焼酎、ワインなども、多めに仕入れてしまう可能性が高くなります。大量仕入れの結果、高額な請求額に支払いが滞るパターンです。業者への支払いを延ばすことは黄色信号です。

落とし穴3．イレギュラーな出費が発生する

原材料費を支払った後の経費は、人件費、家賃、水道光熱費など、比較的予測しやすい費用が多いのですが、たまにイレギュラーな出費が発生します。厨房機器や設備が故障したり、スタッフへの臨時ボーナスを出したり、スタッフと旅行に行ったり、販促費をかけすぎてしまったりなど、毎月の予測額を超える出費が資金繰りを圧迫します。

落とし穴4．返済期日に現金が足りない

先に説明したように、利益のなかから返済しますが、返済は、「ちょっと待ってもらう」ことができません。つまり融通が利かないため、「返済日に現金がない＝倒産・廃業の危機」となるわけです。

お店をすでにやっている方はわかると思いますが、一般的には借入の返済が資金繰りのなかで、一番「キツイ」です。借入の返済はお店が赤字だろうが、利益はあってもたまたま手元に現金がない場合でも、きっちり支払わなくてはならないからです。お店は儲かっていても、借入の返済が厳しいというケースはよくあります。

現実には、借入の引き落とし日に現金がないからといっていきなり廃業するわけではありませんが、ぎりぎりでキャッシュをまわしているお店は注意が必要です。

落とし穴5．生活費のベースが上がる、無駄遣いをする

お店が少し儲かってくると、えらく手元にお金が残るような錯覚が起きます。飲食店はお客様からすぐに現金をもらえるため、常に支払前の現金が手元にあります。お店の口座を見ると、数百万円単位のまとまった額のお金があったりします。すると、「おいおい、なんだか儲かってるな〜」と思ってしまいます。消費税や所得税など、さまざまな支払いが後に控えているにもかかわらず、です。

結果、個人差はあれど、以下のような流れとなります。

「儲かったぞ〜！」→「よし、飲みに行こう！」「よし、遊びに行こう！」

このくらいなら、まだいいのですが、

「儲かったぞ〜！」→「よし、引っ越そう！」「よし、車を買おう！」

こうなると、生活費のベースが上がってしまいます。つまり、月々残る現金が減ってし

まうのです。これは飲食店経営者が陥りやすいパターンであり、注意が必要です。

落とし穴6．税金の額を聞いて、ショックを受ける

個人事業の場合、国民年金や国民健康保険に加入していれば、月々の引き落としか、支払いがあります。これは毎月出て行くお金なので、問題になりにくいでしょう。しかし、消費税や所得税に関しては、一気に1年分、または半年分を支払わなくてはなりません。法人の場合は、消費税はもちろんのこと、大きな法人税が待っています。

儲かっているからとのんきに過ごしていると、その税額の大きさに真っ青になります。消費税は5％（簡易課税制度を選択していれば2％）、所得税、法人税は所得や利益の額に応じて変わりますが、何百万の支払いが発生することもよくあります。いずれも事前の準備が必要なのです。

具体的な対策は、本章193ページの「驚くほど資金繰りが安定する！簡単かつ意外な方法」で紹介します。

02 飲食店オーナーが陥る消費者金融の罠

飲食店では、資金繰りが不安定になることが多いです。そんな個人店オーナーを狙うかのように、消費者金融や一部のノンバンクなど、高額な金利を請求する金融業者が存在します。年利18％程度の高額な金利でも、現実に借りている飲食店オーナーは非常に多いのです。なぜ、こんな高い金利で借りてしまうのでしょうか？

それは、通常金利の借入では、手間と時間がかかるからです。「すぐにお金が必要だ」、「手間がかかると面倒」、「お金の借り方がよくわからない」などの理由で、手っ取り早くお金を貸してくれる業者を頼ってしまうのです。みんな最初は「今のピンチをしのぐためには仕方ない。すぐ返そう」と思うものです。しかし、これが消費者金融の思うツボなのです。巧妙な仕組みと心理的トリックがあり、すぐに返せないようになっているのです。

例えば、Aオーナーが年利18％の消費者金融から月々の返済1万5000円で50万円を借りたとします。この場合、返済が終わるのは3年10か月後です。しかし、Aオーナーは借金をすぐに返したいと考えていました。すると、次の月に売上が予想以上に上がり、30

万円ほど余裕の資金が手元に残りました。

しかし、この手の借金の返済は、「月々の返済か、全額一括返済」しか認められないことがほとんどです。つまり、30万円残っても、いつもより多めの返済はできないため、残ったお金もいつの間にか使ってしまいます。月々の返済が小さいために、「まあ、いいか」となり、結局はずるずると返し続けることになるのです。結果、支払い総額は3年10か月かけて、70万円弱になります。最初の1年は利息のみを返し続ける計算になるわけです。

さて、ここでもう1つ考えてほしいことがあります。最初の50万円を借金でしのいだAオーナーが、その後の約4年間で「一度も資金繰りが悪化しない」可能性についてです。この確率は、極めて低いといわざるをえません。

そして、再度資金繰りが悪化した場合、「月々の返済額は少ないから、もうちょっと借りても大丈夫だろう」と考えてしまうのです。実はこの考えが破滅への一歩です。どんどん借入は増えていき、支払いがさらに厳しくなっていきます。確実に資金繰りは悪化し、また借りたくなる。このような、逃れづらい巧妙な仕組みができているのです。

つまり、**「どんなに資金繰りが苦しくても、絶対に高金利の借入をしてはならない」**ということです。親や友人、身内の方からかき集めてでも、お金を工面してください。

03

お金の流れを見える化する「日次資金繰り表」

いろいろと怖いことを書いてきましたが、最大の問題点は、お金（現金）の流れが見えていないことです。確かにお金の流れはわかりづらい。しかも、個人事業はその傾向が顕著です。

押さえるべき点は、お金の流れです。

ここでは、そんな現金の流れがはっきり見える方法を紹介します。

ひと言でいうと、「日次資金繰り表」を記入することです。次ページ図を見てください。毎日書き直すものなので、エクセルなどで作成するのがいいでしょう。

一番左の欄に日付があり、左側の収入欄、右側の支出欄にわかれています。毎日の入出金額を記入する欄です。そして、一番右に現金の合計残高の欄があります。残高欄はエクセルなどで自動計算式を入れておくと計算の手間が省けます。

簡単に収支を管理する日次資金繰り表

20XX 年 3 月 13 日現在

エクセルで式入力しておけば自動計算できる。
(前日残高)+(売上)−(支出)

先月の残りのお金

3月

日	曜日	収入(売上)		支出		残高
1	水	前月繰越	1.000.000			1.000.000
1	水	売上	80.000			1.080.000
2	木	売上	100.000	スーパーで仕入れ	5.000	1.175.000
3	金	売上	50.000	スーパーで仕入れ	5.000	1.220.000
4	土	売上	180.000	スーパーで仕入れ	5.000	1.395.000
5	日	売上	110.000	借入返済	180.000	1.325.000
6	月	定休日				
7	火	売上	50.000	スーパーで仕入れ	5.000	1.370.000
8	水	売上	35.000			1.405.000
9	木	売上	60.000	○○酒店	240.000	1.225.000
10	金	売上	120.000	○○食品	150.000	1.195.000
11	土	売上	140.000	スーパーで仕入れ	5.000	1.330.000
12	日	売上	40.000			1.370.000
現在▶ 13	月	定休日				
14	火	売上	50.000	備品修理	300.000	1.120.000
15	水	売上	50.000	スーパーで仕入れ	5.000	1.165.000
16	木	売上	50.000	オーナー生活費	150.000	1.065.000
17	金	売上	150.000	会計事務所	18.000	1.197.000
18	土	売上	150.000	スーパーで仕入れ	5.000	1.342.000
19	日	売上	50.000	○○肉店	250.000	1.142.000
20	月	定休日		○○精肉店	150.000	992.000
21	火	売上	50.000	広告費支払い	126.000	916.000
22	水	売上	50.000			966.000
23	木	売上	50.000	スーパーで仕入れ	5.000	1.011.000
24	金	売上	150.000	人件費など	550.000	611.000
25	土	売上	150.000			761.000
26	日	売上	50.000	電気・ガス・水道	200.000	611.000
27	月	定休日				
28	火	売上	50.000			661.000
29	水	売上	50.000	スーパーで仕入れ	5.000	706.000
30	木	売上	50.000	家賃	250.000	506.000
31	金	売上	150.000	消費税納税	740.000	▲84.000

3月合計　収入　2.265.000　支出　3.349.000

日々のお金の出入りと、残額がひと目でわかる前ページの資金繰り表を見てください。先月残の現金が100万円です。残高100万円に3月1日の売上8万円を足すと、108万円となり、それが残高欄に記入されています。そして、2日には売上を10万円足し、スーパーでの仕入5000円を引いて、残高が117万5000円となっています。

では、資金繰り表のメリットを紹介します。

1. 現在の現金残高がひと目でわかる

資金繰り表で最も注目すべきポイントは、一番右の欄の残高です。この事例では、3月13日現在で残高が137万円あります。この金額は、お店の口座の現金とレジの現金の合計であり、お店で使えるすべての現金です。この残高がマイナスになると、「資金繰りがショート」することになります。ただし、定期預金や積立預金の金額は、最初からないものとして、合計残高からは省いておくようにします。いざというときの現金を確保しておくことで、日々の資金繰りをより厳しく見ていけるからです。

2. お金の流れが予測できる

次のメリットは、資金繰りの未来予測ができることです。資金繰り表の13日以降を見てください。日々の収入（売上）は平日が5万円、週末が15万円と予測しています。そして、支出は13日以降に支払う実際の請求額を見て、支払日の支出欄に記入しておきます。

このようにまとめておくことで、支払日や支払額を事前に把握できます。ちなみに、これは目先の1か月のみでなく、数か月先に渡って予測しておくことが重要です。家賃や人件費などの固定費は予測しやすいでしょうし、仕入額は予測売上に合わせて計算しておくといいでしょう。

3．早めに対策が打てる

最後のメリットは、予測により資金繰り対策を早めに打てることです。資金繰り表の3月31日の残高欄を見てください。残高がマイナス8万４０００円になっています。消費税の納税があるため、急激に現金残高が減ってしまうと予測できます。このままでは納税ができなくなります。

そこで、対策を立てます。例えば、30日の家賃の支払いを数日待ってもらうよう事前にお願いしておき、4月に入ってから支払えば、ピンチを回避できます。

「え？　家賃を4月に伸ばしても、結局資金繰りはマイナスじゃないの？」

そう考えやすいのですが、実は違います。

次ページの資金繰り表の上半分を見てください。これは3月の後半と4月の前半部分のみを切り取った資金繰り表です。確かに、3月31日にいったんマイナスにはなります。しかし、その後はプラスに転じています。売上による現金収入があるからです。そこで、30日の家賃支払い25万円を4月8日にずらします。すると、下の資金繰り表のように、マイナス部分がなくなり、比較的安定した資金繰りを行うことができるのです。

このように支払いを遅らせるという消極的な対策ではなく、積極的に売上を上げる対策もあります。例えば、3月21日から生ビール半額フェアを行い、8万４０００円以上の売上を上げられれば、ピンチを乗り切れます。既存客にDMを出したり、既存客向けの携帯販促を行ったりすれば、スピーディーにフェアを開催できます。

お店の財務状況や銀行との付き合い具合によっては、運転資金を借入れられます。きちんと資金繰り表を付けておけば、3月の末に現金がなくなることは数か月前から予測できます。早めの対策を打っておくことが重要です。

最近では、銀行は、飲食業に対して設備資金は融資しても、運転資金は融資したがらな

簡単に収支を管理する資金繰り表

3月

28	火	売上	50.000			661.000
29	水	売上	50.000	スーパーで仕入れ	5.000	706.000
30	木	売上	50.000	家賃	250.000	506.000
31	金	売上	150.000	消費税納税	740.000	▲84.000

マイナス！

4月

日	曜日	収入（売上）		支出		残高
		前月繰越	▲84.000			
1	土	売上	150.000			666.000
2	日	売上	50.000	スーパーで仕入れ	5.000	711.000
3	月					711.000
4	火	売上	50.000	スーパーで仕入れ	5.000	756.000
5	水		50.000	借り入れ返済	125.000	
6	木	定休日	50.000			
7	金	売上	150.000	スーパーで仕入れ	5.000	901.000
8	土	売上	150.000			1.051.000

マイナスにならないよう、
支払日をおくらせる

3月

28	火	売上	50.000			661.000
29	水	売上	50.000	スーパーで仕入れ	5.000	706.000
30	木	売上	50.000			756.000
31	金	売上	150.000	消費税納税	740.000	166.000

4月

日	曜日	収入（売上）		支出		残高
		前月繰越	166.000			166.000
1	土	売上	150.000			316.000
2	日	売上	50.000	スーパーで仕入れ	5.000	361.000
3	月					361.000
4	火	売上	50.000	スーパーで仕入れ	5.000	406.000
5	水		50.000	借り入れ返済	120.000	336.000
6	木	定休日	50.000			386.000
7	金	売上	150.000	スーパーで仕入れ	5.000	531.000
8	土	売上	150.000	家賃	250.000	431.000

残高はプラスで推移する

い傾向にあります。しかし、このように資金繰り表を付けておくことにより、資金の必要性や、返済可能時期を明確に交渉できるので、借入が可能になる可能性が高くなります。

以上が資金繰り表のメリットです。

注意点として、売上はあくまで厳しく予測してください。売上予測値が現実より高いと、いきなり資金繰りが厳しくなります。実践するとわかりますが、「収入は予測より少なく、支払いは予測以上」であることが多いのです。同時に、トラブルが発生すると収入が減ったり、支払いが増えたりします。余裕をもった資金繰りを心がけましょう。

日次の資金繰り表を付けることで未来の資金繰りの不安を解消しましょう。

04 驚くほど資金繰りが安定する！簡単かつ意外な方法

さて、次に紹介するのは、資金繰りの安定に非常に効果的な方法です。
それは、「目的別 積立預金」です。

「え、積立？ そんなの意味あるの？」と思いませんか？ 私も最初にある経営者からこの方法を教わったときは半信半疑でした。しかし現在では、この方法の効力に驚くばかりです。私も実践していますが、実践して、ますます本当の効果に気がつくのです。

「目的別 積立預金」は、飲食店などの中小企業、個人事業主、そして個人の家計に至るまで、広く活用できるものです。ぜひ、試してください。

そもそも積立預金とは、口座や給料から一定額を引き落とし、コツコツ預金していくものです。月1万円とか、月5000円とか、小額でも長い年月が経てば、数年後、数十年後には大きな金額が預金できるというものです。

「目的別 積立預金」では、資金繰りを不安定にさせる出費を事前に予測し、その出費の必要時期に必要な金額が貯まるような積立を行います。例えば、法人税、消費税、源泉徴収、所得税などの納税、車検や自動車保険などは、まとまった金額が必要です。同時に、あらかじめ支払いの時期がわかっています。他には、社員旅行などの福利厚生の費用、設備や内外装への投資も大きな金額が必要であり、支払いの時期も予測できます。

先の資金繰り表で紹介した焼肉店の事例で考えてみましょう。資金繰りを最も不安定にさせたのは、3月31日に納めた消費税の74万円です。では、この74万円の支払いが3月末に発生するということを、経営者はどの時点で予測できたのでしょうか？

この焼肉店は個人事業であるため、明確な金額がわかるのは前年の12月末です。なぜなら、消費税は前年1年間の売上にかかる税金であり、それは12月末に締めるからです。しかし、だいたいの金額は、その前の10月か11月には予測できるはずなのです。

例えば、前年の10月からこの年の3月末の納税を見越して、積立をしていたらどうなったでしょうか？

74万円を10月から3月まで6回分の積立をする場合、毎月の積立額は約12万3千円です。軽い負担ではありませんが、資金繰りに気をつけていれば、十分支払っていける額です。

さらにいうならば、必ず必要になる消費税に対して、前年3月の段階で支払い分の積立

目的別に預金を積み立てる

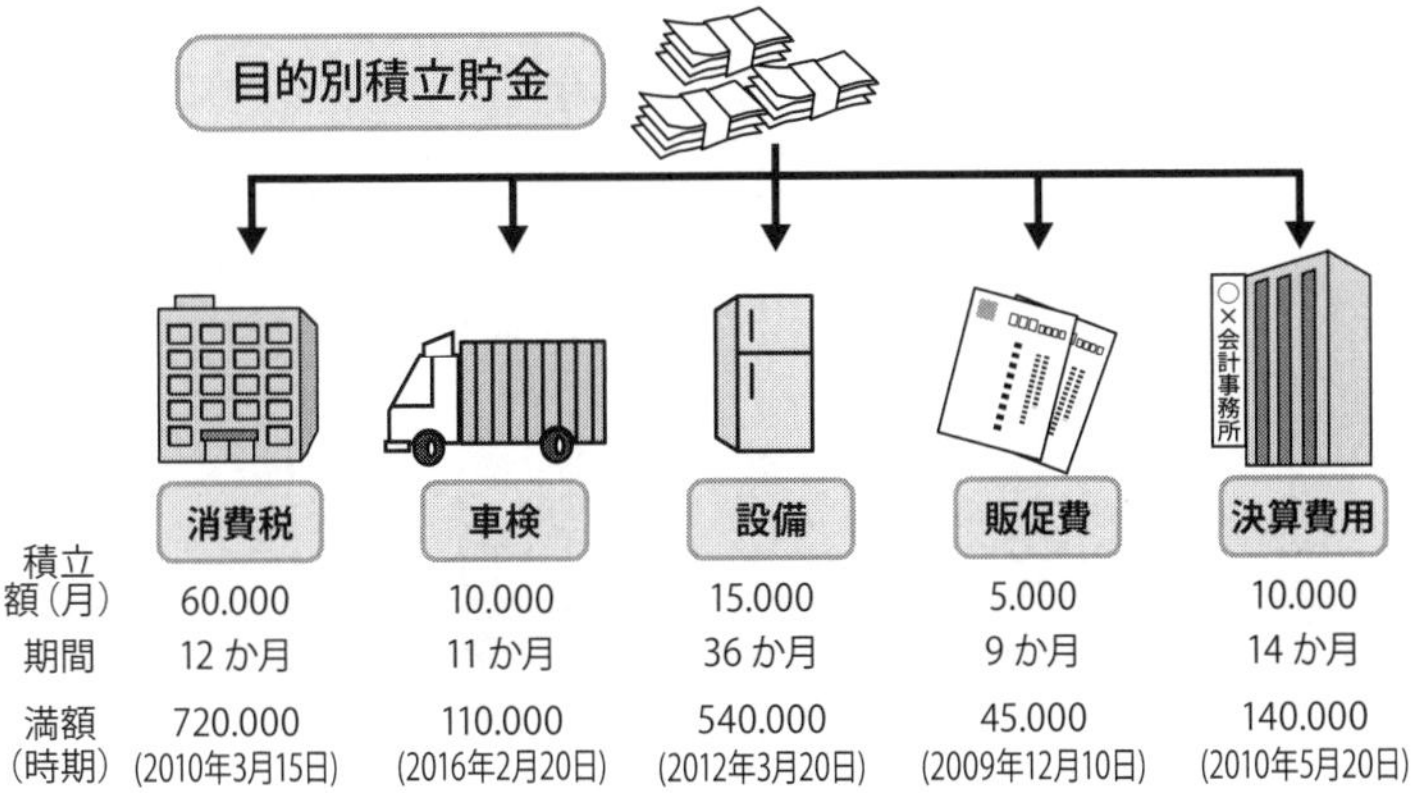

「お金の段取り」で必要な時期に必要なお金を用意する

をはじめていたら、どうなったでしょうか？　74万円÷12か月は、月額約6万2千円です。この事例程度の売上があるお店であれば、さほど苦しくない額です。つまり、「目的別 積立預金」を早めに行っておけば、1年かかってゆっくり74万円を貯め、3月末までには勝手に現金が残っているわけです。

そして、**「目的別 積立預金」の最大の特徴は、お金が必要になる目的ごとに、1つずつ積立をしていくことです**（口座を新たに開設しなくても、「積立証書」というものをもらえます）。

例えば、消費税の積立で月6万円、車検で月1万、設備の修理代で月1万5千万、年末の販促費で月5千円、決算費用で月1万円が必要だったとします。そこで、合計した10万の積立を1本行なうのではなく、消費税用で1本、車検用で1本、備品の修理用で1本と、何本も積立をしていくのです。

そして、積立の満期日は、現金が必要になる月に合わせ、必要な金額を現在から満期日までの月数で割り込むのです（前ページの図参照）。

例えば、来年度に支払う消費税額として、今年とほぼ同額の72万円を見込んだとしましょう。今日現在が2009年4月1日だとすると、4月から積立をはじめ、2010年の3月まで12か月あります。そこで、必要な金額72万円÷12か月＝6万円となり、毎月の積立額が6万円で12回の積立となるわけです。他の積立も同様に計算します。

飲食店の経営者でも、「うちは積立やってるよ」という人は少なくありません。それらは、多くの場合、「月に10万円の積立をずっと続けている」というものです。このように一括で積立をしている場合、資金繰りがちょっと苦しくなると、すぐ解約してしまいます。そして、一度解約すると、再び10万円の積立をはじめようとは思いづらくなり、「もう少し余裕が出てからやろう」というように先延ばしになりがちなのです。そうなると、結果として資金は貯まりづらくなります。

目的のない積立と目的別積立

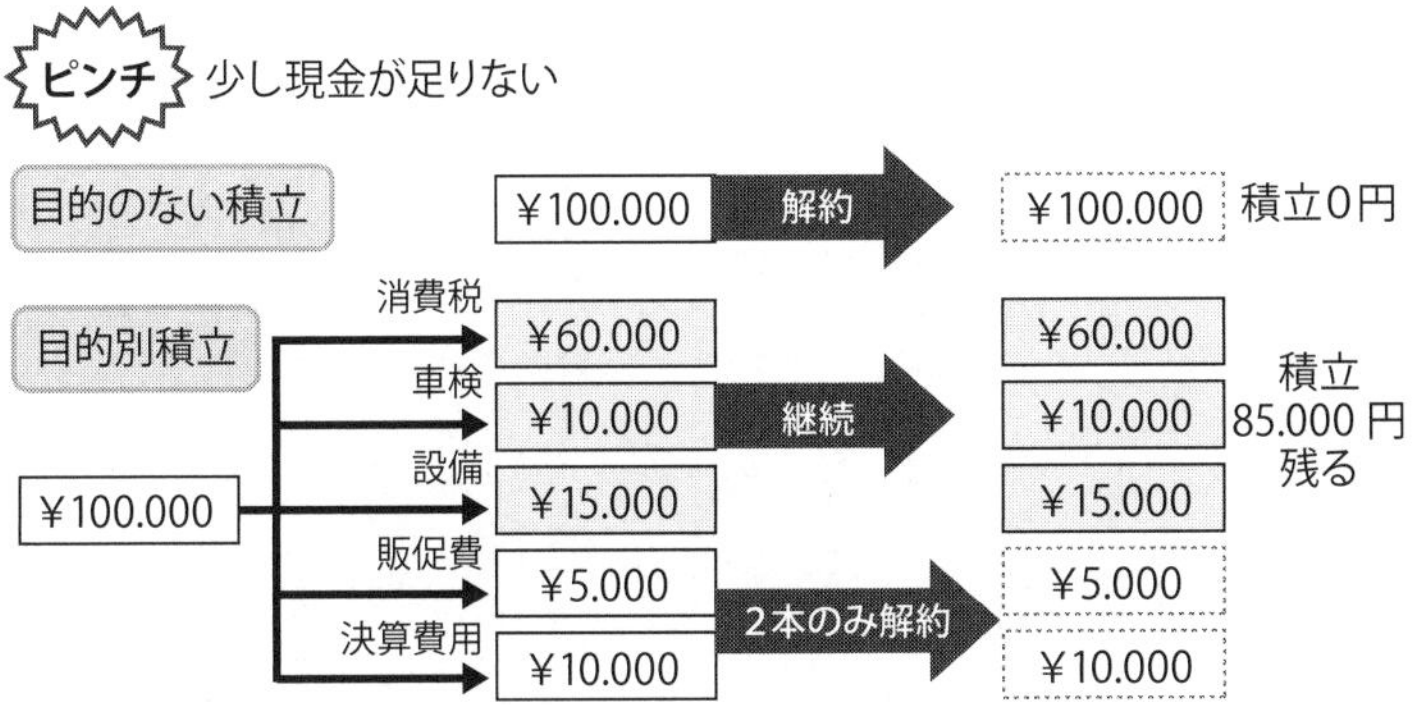

目的別積立でリスクを低減できる

一方、同じ10万円の積立を目的ごとにわけていた場合、少し資金繰りが苦しくなれば、積立を1本か2本解約することで、苦しいタイミングを乗り切れます。この場合、ほとんどの積立は解約されずに残るので、積立を自然に継続することができます。

さて、ここまで説明すると、こんな質問をよく受けます。

「毎月、複数の積立をするってことは、かえって資金繰りが苦しくならないの?」

確かに表面的な印象では、苦しくなります。積立をしている分は、毎月自動的に口座からお金が引き落とされていきます。つまり、「残った現金」でお店の運営をしていくため、あまり余裕がありません。節約を強いられる場面もあるかもしれません。

しかし、現実には未来に対する預金であり、積立預金は銀行に積立証書と印鑑を持っていけば、すぐに解約・現金化できます。表面上は資金繰りが苦しい印象はありますが、現金残高として見ればどんどんお金が貯まり、資金に余裕が出てくるのです。

くわえて、大きな出費を事前に予測して積立しておくことで、口座の現金残高の増減が少なくなり、安定した資金繰りを実現することができます。

つまり、**「目的別 積立預金」は、結果として資金繰りを楽にしてくれる**のです。

「目的別 積立預金」を行う際には、積立をはじめてから最初の半年〜1年は、積立を増やすごとに資金繰りが厳しくなります。なぜなら、現時点で必要な支出も払いつつ、未来への積立を行っていくからです。つまり、最初の積立が満期を迎えるまで、しばらくは二重にお金がかかります。できる範囲から少しずつ「目的別 積立預金」をはじめるといいでしょう。資金に余裕ができるたびに1本ずつ増やしていけばいいのです。いざはじめてみて月々の資金繰りが厳しくなった場合、どれかを途中解約すれば資金を補えます。

未来に必要なお金の支払いを前倒しして積み立てることで、安定した資金繰りを実現できるのです。「目的別 積立預金」はいわば「お金の段取り」になるのです。

05

借入額の妥当額はいくら？

飲食店を開業する場合、当然ながら借入は少ないほうがいいです。借入額が多いほど月々の返済額が増え、資金繰りが厳しくなるからです。では、どの程度まで借りることが妥当なのでしょうか？　借入額の妥当額は次の３つの視点から考えましょう。

視点１．経営方針・戦略
視点２．想定売上
視点３．経営者の年齢

それぞれについて具体的に考えてみましょう。

視点１．経営方針・戦略

視点１は、経営方針や戦略から借入額を決めることです。

店舗を経営する際、**「投資回収の目標年数」**を考えます。つまり、初期投資を何年かけて回収するかを検討します。

今から5~10年前は、一般的に5~7年かけて回収するのが一般的でした。さらに時代をさかのぼると、10年で回収という店舗も多かったはずです。

しかし、飲食業界のスピードは大変速まり、店舗の寿命（ライフサイクル）はどんどん短くなっています。近年では、2~3年での回収を目標にする店舗が増えています。3年経営したら、さっと別の業態に変えてしまうイメージです。多店舗展開をしている企業で多いパターンですが、これも1つの戦略といえます。反面、建物や設備に莫大なお金をかけて、同じ店を長く経営していくスタイルもあります。これは規模の大きな店舗、単価の高い飲食店に見られるパターンです。多店舗展開など最初から考えず、1店舗で長く経営する方針であれば、「投資額回収の目標年数」は長くなります。

このように、経営方針や戦略によって、初期投資額や借入額を考えていくのです。「投資額回収の目標年数」が短い場合には、少ない借入にこだわる必要がありますし、「投資額回収の目標年数」が長い場合には、比較的大きな借入ができます。

ただし、大きな視点で飲食店の経営環境を考えた場合、今後飲食マーケットは確実に縮小していくと思われます。

10年後の経営環境をイメージできる飲食店経営者は少ないのではないでしょうか。10年以上かけて回収する計画は非常にリスクが高いといえます。金融機関も10年の返済計画ではお金を貸してくれないケースが増えてきています。

今後、飲食マーケットが縮小していく、と私が考える最大の要因は、人口の減少です。国が大量の移民を受け入れるなどの大きな変革がなければ、マーケットが成長していく可能性は低いと考えています。

しかし、日常食がより外食化していく流れは増えていくと思います。家庭で食事をつくるよりも、安くておいしくて健康的な商品を提供できる店舗が増えてくる可能性は高いでしょう。そうなると、ファストフード、軽食、カフェ、定食などの一部の業態はマーケットが広がる可能性を見込めます。しかし、居酒屋、焼肉、串焼きなどの業態はマーケットの縮小を避けることは難しいでしょう。

今後の日本というマーケットにおいて、あまり楽観的な発想をもつことは難しいと基本的には考えています。つまり、できるだけ早く回収しつつも、長期的に継続できる業態やお店づくりを心がけることが重要です。

視点2．想定売上

視点2は、想定する売上から借入額を決めることです。これは、最も重要な視点です。

何度も繰り返しますが、借入の返済は経費にならず、利益から税金を差し引いた残りの現金から支払います。つまり、借入の返済額が利益額より大きい、もしくは利益額に近いと、資金繰りが滞る可能性は非常に高くなります（減価償却費という現金が減らない費用があるため、100％はいい切れませんが、ここではわかりやすく説明するために、あえてくわしく説明しません）。

例えば、月の売上が500万円の店舗があるとします。利益率が10％だった場合、毎月50万の利益が残る計算になります（実際にはこのお店の利益額とキャッシュフローの額は若干異なります）。このお店の返済額が毎月60万円だとすると、資金繰りがまわらない可能性が非常に高いのは容易に想像できます。

つまり、借入を行う際には、月の想定売上と利益率に注意する必要があるということです。それによって返済可能な金額は決まります。先の例でも、もし利益率が20％を達成できるのであれば、利益額は毎月約100万円となり、60万円の返済も可能になるわけです。次の借入額返済シミュレーション①の表を見てください。

借入額返済シミュレーション①

単位：万円

月商	年商	借入額 年商 1/3	返済額（3年）		返済額（5年）		返済額（7年）	
			月返済額	月返済額/月商	月返済額	月返済額/月商	月返済額	月返済額/月商
200	2.400	800	22.9	11.5%	14	7.0%	10.2	5.1%
500	6.000	2.000	57.2	11.5%	35.1	7.0%	25.5	5.1%
800	9.600	3.200	91.7	11.5%	56	7.0%	40.8	5.1%
1.200	14.400	4.800	137.4	11.5%	84.1	7.0%	61.2	5.1%

※金利2%で設定

この表は「借入額を年商の1／3」として設定した場合の毎月の返済を表しています。3年、5年、7年返済の場合の月々の返済額と、月商に占める割合を％で示しています。

表にある月商500万円のケースを見てみましょう。借入額が年商6000万円の1／3で2000万円です。金利2％で借りた場合の毎月の返済額が表の右側に表示されています。2000万円を3年で返済しようと思うと、毎月の返済額は57・2万円となり、かなり高い利益率を達成しなければ、資金繰りが厳しくなります。

しかし、7年返済であれば毎月の返済額は25・5万円となり、利益率が10％以上であれば資金繰りに余裕が出ます。このように妥当な借入額というのは、想定売上と利益率、そして、返済期間によって考えることができます。

借入額返済シミュレーション②

単位：万円

月商	年商	借入額 年商 1/3	返済額（3年） 月返済額	月返済額/月商	返済額（5年） 月返済額	月返済額/月商	返済額（7年） 月返済額	月返済額/月商
350	4.200	2.000	57.2	16.3%	35.1	10.0%	25.5	7.3%
500	6.000	2.000	57.2	11.5%	35.1	7.0%	25.5	5.1%
650	7.800	2.000	57.2	8.8%	35.1	5.4%	25.5	3.9%

※金利2%で設定

では、次に上表を見てください。月５００万円の売上を想定して、７年返済で２０００万円の借入を行ったとします。月の返済額は25・５万円であり、５００万円の売上に対して５・１％となります。利益率を10％出せば、資金繰りは問題ありません。

しかし、売上予測が外れ、３５０万円の月商になってしまった場合、月商に対する返済額の割合は７・３％となり、資金繰りは厳しくなります。逆に、月商が６５０万円となった場合は、利益率が10％のままでも５年返済ができるほどの余裕が生まれます。

ちなみに、想定売上５００万円のお店が実際には３５０万円という結果であった場合、人件費や家賃、その他経費がかさみ、利益は出ないことが多いはずです。さらに返済が重なると、キャッシュフローは大幅なマイナスとなります。オープンしてすぐに撤退するお店はこのような財務的問題も抱えています。本書で何度もお伝えしているように、ほとんどの問題は「売上予測の間違い」にあることを再度認識してほしいと思います。

「借入額を年商の1／3」というのは、あくまで1つの基準として考えてください。実際には、自己資金が豊富にあれば借入をする必要はありませんし、居抜きのいい物件であれば、年商の1／5以下の借入額で経営できるケースも数多くあります。自己資金がある場合は、自己資金を差し引いて借入妥当な金額を考えてください。

また、次ページの表では、借入額が年商のそれぞれ「1／4」「1／3」「1／2」とする場合の返済額をまとめてあります。出したい規模の店舗に対する借入額と返済金額のバランスを確認してみてください。見ればわかるように、借入額が年商の1／4であれば返済は楽になり、1／2になるとかなり厳しくなります。

視点3．経営者の年齢

視点3は、経営者の年齢を考慮する必要があるということです。

事業に取組む以上、失敗は許されませんし、必ず成功させる意気込みが必要です。

しかし、お店の経営はうまくいったとしても、予測できない事故やケガに見舞われる可

借入額返済シミュレーション③

年商 ¼ を借入

単位：万円

月商	年商	借入額 年商 1/4	返済額（3年） 月返済額	返済額（3年） 月返済額/月商	返済額（5年） 月返済額	返済額（5年） 月返済額/月商	返済額（7年） 月返済額	返済額（7年） 月返済額/月商
200	2.400	600	17.2	8.6%	10.5	5.3%	7.6	3.8%
500	6.000	1.500	43	8.6%	26.3	5.3%	19.1	3.8%
800	9.600	2.400	68.7	8.6%	42	5.3%	30.6	3.8%
1.200	14.400	3.600	103.1	8.6%	63.1	5.3%	45.9	3.8%

年商 ⅓ を借入

単位：万円

月商	年商	借入額 年商 1/3	返済額（3年） 月返済額	返済額（3年） 月返済額/月商	返済額（5年） 月返済額	返済額（5年） 月返済額/月商	返済額（7年） 月返済額	返済額（7年） 月返済額/月商
200	2.400	800	22.9	11.5%	14	7.0%	10.2	5.1%
500	6.000	2.000	57.2	11.5%	35.1	7.0%	25.5	5.1%
800	9.600	3.200	91.7	11.5%	56	7.0%	40.8	5.1%
1.200	14.400	4.800	137.4	11.5%	84.1	7.0%	61.2	5.1%

年商 ½ を借入

単位：万円

月商	年商	借入額 年商 1/2	返済額（3年） 月返済額	返済額（3年） 月返済額/月商	返済額（5年） 月返済額	返済額（5年） 月返済額/月商	返済額（7年） 月返済額	返済額（7年） 月返済額/月商
200	2.400	1.200	34.4	17.2%	21	10.5%	15.3	7.7%
500	6.000	3.000	85.9	17.2%	52.6	10.5%	38.3	7.7%
800	9.600	4.800	137.4	17.2%	84.1	10.5%	61.2	7.7%
1.200	14.400	7.200	206.2	17.2%	126.2	10.5%	91.9	7.7%

※3つの表はすべて金利2%で設定

能性もあり、家庭や個人の事情でやめざるをえない場合もあります。その際に、残った返済額をどう返すのかを考えたうえで、借入をする必要があります。本書はあくまで「超低リスク」な開業・経営について書いた本です。一見、消極的な印象を受けられるかもしれませんが、事前のリスクヘッジだと思ってご容赦ください。

例えば、2000万円の借金をして開業した人が、失敗して25歳でお店をつぶしたと仮定します。この場合、借金を借り換えして、より長期で返済するプランに変えておけば、月々の負担も少なく、またサラリーマンに戻ってもがんばれば返していける金額です。しかし、失敗したのが55歳であれば、働けるのは、あと10年程度です。単純計算でも年間200万円の返済があり、月々の返済額は17万円程度です。これはかなり厳しい数字です。

つまりは、自分の年齢を考えて借入してほしいのです。近年は会社の早期退職制度で会社を辞め、飲食店で独立する人が増えています。退職金から多大な自己資金を投資して、大きな店舗を出し、売上が見込めるから多少借入をしても大丈夫、と考える人が多いようです。自己資金の額や店舗の規模ではなく、年齢に応じた借入を行いましょう。

06
経営者の年収を決める3つの要素

飲食店を開業される多くの人が関心をもっているにもかかわらず、「飲食店を経営すると、どのくらい儲かるのか?」は意外に知られていません。

この答えは、そもそも「儲かる」という基準を含め、地域差や外的環境の問題、流行の業態であるか否かによっても変わってきますので、一概にはいえません。

しかし、開業する人は、一様に気になるポイントだと思いますので、一般論として話します。詳細なデータを取ったわけではありませんので、あくまで参考程度に留めておいてください。

飲食店経営者の収入を決める3つの要素を、以下で紹介します。

要素1. 業態

まず、儲かりやすい業態、つまり、粗利が大きい業態です。

居酒屋、焼き鳥、焼肉などは儲かりやすい業態の代表格といってもいいでしょう。

アルコール比率も高いため、粗利率が上がりやすいといえます。ちなみに、焼肉の場合、肉の仕入れ原価は高いのですが、比較的、人件費が低く抑えられるために、儲かりやすい業態といえるでしょう。しかし、近年のアルコール離れを考えると、いままでほど儲からないことは間違いありません。ただし、一方では、根強く生き残る寿命の長い業態であり、需要があり安定した経営ができるメリットもあります。

アルコール比率という視点から考えると、「ショットバーなども儲かるのではないか？」と考えられるかもしれませんが、いわゆるショットバーを一店舗経営するだけでは、経営者が大きく儲けることは難しいでしょう。なぜなら、バーはどうしても席数が少ないことが多いために、売上の絶対値が少ないのです。先の**「小さすぎるお店が儲からない理由」**でも紹介したとおりです。

いわゆる「粉もの」ビジネスも儲かりやすい業態です。お好み焼き、もんじゃ焼き、ラーメン、うどん、そばなどの業態です。

特にラーメンは、ある一定のラインを超えるとかなり儲かるようになります。回転率が重要で、人気店になると、小さなお店でも十分儲かる可能性があります。

うどん・そば業態では、単価の高い商品を出している人気店はかなり儲かります。こだわりの手打ちのうどんやそばが１０００円近くするお店も数多くあります。原価率は10％

以下なので、昼の3時で営業を終了しても儲かっているお店も多くあります。

お好み焼きやもんじゃ焼きの業態は、調理もお客様が行うことで人件費が削減でき、原価率も低いということで、比較的「つぶれにくい業態」です。こちらも人気店になると、大変儲かる業態です。

要素2．店舗数

次に店舗数について考えてみましょう。

極めて大雑把な物言いで恐縮ですが、例えば個人事業で年収1000万円以上ほしいと思った場合（ここでは、事業に関わるすべての費用を抜いた収入を指します）、1店舗でそれを達成することは、かなり難しいというのが現実だと思います。

例えば、月商が800万円の店を経営していたと仮定しましょう。そして、飲食業界の標準を上回る利益率15％を達成したとします。毎月の利益額は120万になります。そこから仮に返済が月30万円、消費税の積立が月30万円あるとすると、すでに残りが60万円になります。年収1000万円を得るには、月額83万円ほどの収入が必要となります。

この数字を1店舗で達成するのは、非常に難しいといわざるをえません。

年収1000万円を超えるためには、2店舗、3店舗とお店を増やすことが一番の近道です。この1000万円までは勢いで行けますが、2000万円を超えるには、商品やサービスの質の問題も大きくかかわってきます。赤字店がない経営を目指すのが近道といえます。

要素3．仕組みのつくりやすさ

最後に仕組みのつくりやすさが儲けにかかわってきます。

簡単にいえば、ご自身がオーナーシェフとして厨房に立つ場合、店舗を増やすことが難しくなるケースがあります。店舗を増やす際には、信頼できる優秀な社員が必要となり、ある程度のレベルの商品力を確保するためには、教育が必要となります。そのため、1店舗のままというケースがよくあります。こういったお店では、いつまでもオーナーが現場から離れられず、人気店であっても経営者の収入はさほど多くないという現実があります。

逆にオーナーが調理をしないお店や、調理が簡単なお店は、商品・サービスが仕組みになりやすく、店舗展開のスピードが速まり、結果、収入を増やしやすいといえるでしょう。

第5章 まとめ

財務戦略での間違いとチェックポイント

資金繰りについての知識がない！

□ 黒字廃業の落とし穴を理解しておく
□ どんなに資金繰りが苦しくても、絶対に高金利の借入はしない

お金の流れを把握していない！

□「日次資金繰り表」でお金の流れを見える化する
□ 予定できる大きな出費は「目的別 積立預金」で用意する

借入額の妥当額を理解していない！

□ 経営方針・戦略、想定売上、経営者の年齢から決定する

どのくらい儲かるのかを知らない！

□ 個人事業で年収 1000 万円を実現するのは、かなり難しい

第6章

お客様を固定客に育てる超低リスクの販売促進戦略

現在の厳しい経営環境において、どんな販売促進を実施したらいいのでしょうか？　リスクの高い販促とリスクの低い販促の違いを説明し、いかに売上を上げていくかを紹介します。

01 不況下の飲食店経営で必要な「力」とは？

不況下の飲食店経営で最も必要とされる「力」とは、どんなものでしょうか？

私が考える1つの答えは、**「売上を上げる」力**です。「はじめに」でふれたように、本書の目的は、「普通のお店が生き残るためのノウハウ」をお伝えすることです。「商品力が一般的なお店」にとって、売上を上げるために商品の力、すなわち「料理のおいしさ」や「サービスのすばらしさ」だけに頼ることはできません。

しかし、お店の戦略を見直すことや、販売促進を行うことは、どのお店でも可能です。一定の商品・サービス力があれば、不況下でも売上をどんどん上げられるのです。

戦略面については、第1章の出店戦略、第4章のメニュー戦略などで少し紹介してきました。第6章の販売促進戦略は、すぐに実施できて、費用も小さくはじめられます。取り組み方によっては、極めて大きな成果を上げることができます。

個人店に代表される規模の**小さなお店では、販売促進に関する知識がほとんどないのが実情**です。フリーペーパーなどの媒体か、チラシを使っての集客しかノウハウがないというお店が多いのです。

これから小さなお店が生き残っていくためには、販売促進を正しく理解し、実践できる力が非常に大切になってきます。

具体的な内容を紹介する前に、販売促進を行ううえでの注意点を説明します。

以下にチェック項目をまとめましたので、参考にしてください。私がコンサルティングを行う際にも、これらの項目を必ずチェックしています。

1. 戦略が間違っていないか？

いくら最新のノウハウを使った販売促進でも、そもそもの戦略が間違っていると、効果はまったくありません。第1章や第4章で紹介したような立地との相性、コンセプトとターゲットの相性などをチェックします。例えば、学生街で、高単価の居酒屋をやっている、特殊な料理を幅広い層に売り込もうとしている、などの間違いがないかを確認します。

2. 不満の起こらない商品・サービス力はあるか？

競合店との比較において、お客様が不満を感じない一定レベルの商品力・サービス力があるかどうかをチェックします。例えば、ラーメン店でスープがぬるい・麺が伸びている、焼肉店ならテーブルやメニューがベタついている、などの基本的なことができていない場合は、販売促進を行っても、「悪い評判をより広げる」だけです。

3. 原価率が高すぎないか？

原価率が高すぎる場合、販売促進で来客数が増えても儲けが少なく、費用対効果が低くなります。適正な利益を得られる状態にしてから、来客数を増やします。業態によって差はありますが、お店全体の原価率が40〜45％を超える場合は、注意が必要です。

この1〜3の項目をチェックし、問題がある場合は、販売促進を行う前に問題箇所を改善します。厳しいいい方ですが、この項目に該当するお店はお客様を迎え入れる準備ができていないということです。この状態で来客数を増やしても、販促費用をムダにしたり、悪い評判をより早く広げるなど、本来得られるべき利益を逃すだけです。

販売促進を行える体制を整え、万全の状態でスタートしましょう。

02 売上アップの最大の近道は何か？

売上を上げるための最大の近道とは何か？　その答えを見つけるために、「売上アップ」の構造を分解してみましょう。次ページの図を見てください。

売上アップとは、①「客数を増やすこと」、②「客単価を上げること」のどちらか、もしくはその両方で実現できます。そして、①の「客数を増やすこと」をさらにわけると、「新規客を増やすこと」と「リピーターを増やすこと」の2つに分解できます。

すぐに売上を上げたいとき、最も簡単なのは、②「客単価を上げること」です。極端な話をすれば、メニューの単価を上げたり、高額メニューをおすすめすること、また、セットメニューを開発したり、ドリンクのおかわりをおすすめするなど、さまざまな方法があります。そういう意味で、客単価を上げることは「最も手軽な」売上アップの方法です。

しかし、**「客単価を上げる」だけでは限界があり、根本的かつ継続的なお店の売上アップにつながらない**ケースもあります。

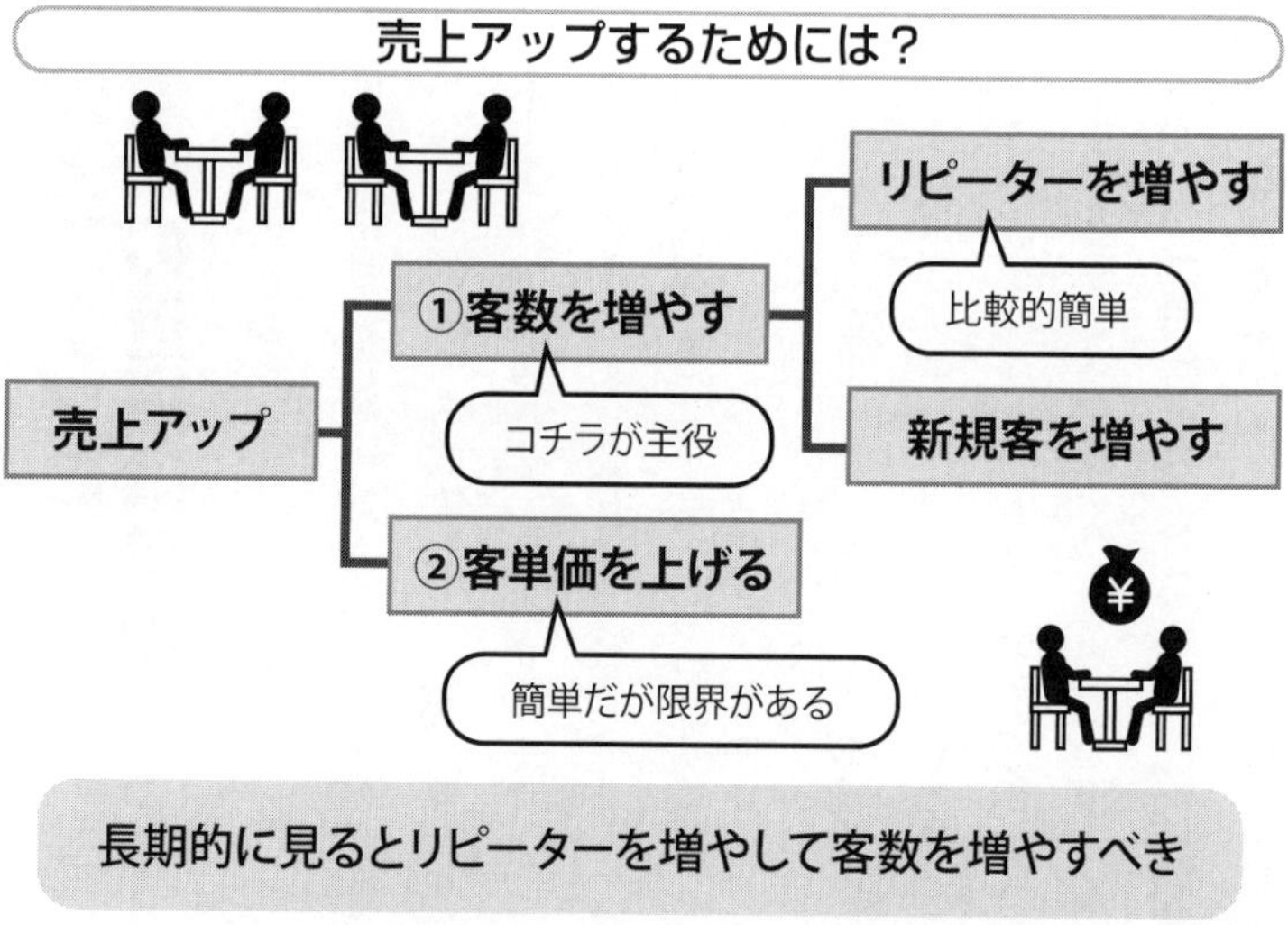

つまり、「客単価を上げること」ではなく、**「客数を増やすこと」が売上アップの王道**だといえます。では、次に、「新規客を増やすこと」と「リピーターを増やすこと」、どちらを行えばいいのでしょうか？

実は、私がお伝えしたい売上アップの最大の近道とは、**「リピーターを増やすこと」**です。

その理由は「新規客を増やすこと」より、「リピーターを増やすこと」のほうが何倍も簡単で、かつ低リスクな販売促進によって実現できるからです。

あなたのお店に「まだ来店していな

い」Aさんがいます。そして、「すでに来店した」Bさんがいます。では、「次にご来店頂ける可能性が高い」のはどちらでしょう?

答えはBさんです。これは直感的にわかるでしょう。理由はさまざまですが、例えば、「何度か来店して、お店のよさを知った」、「もともと経営者の知り合いなので、また行こうと思っている」、「来店した際にクーポンをもらって、まだ使っていない」などの理由があるでしょう。

さらに、それだけではなく、「仕事帰りに寄りやすい場所にある」、「家から近くてちょっと外食するにはちょうどいい」などの「来店しやすい状態」にあるという理由も見逃せません。

反面、Aさんが「まだ来店したことがない」理由も様々です。例えば、「あまりおいしくないという噂を聞いた」、「近くにすでになじみの店があり、行ってみようと思わない」などの理由があるかと思えば、「そもそも存在を知らない」、「何屋かわからなかった」、「基本的に飲みに行かない」

客数を増やすためには？

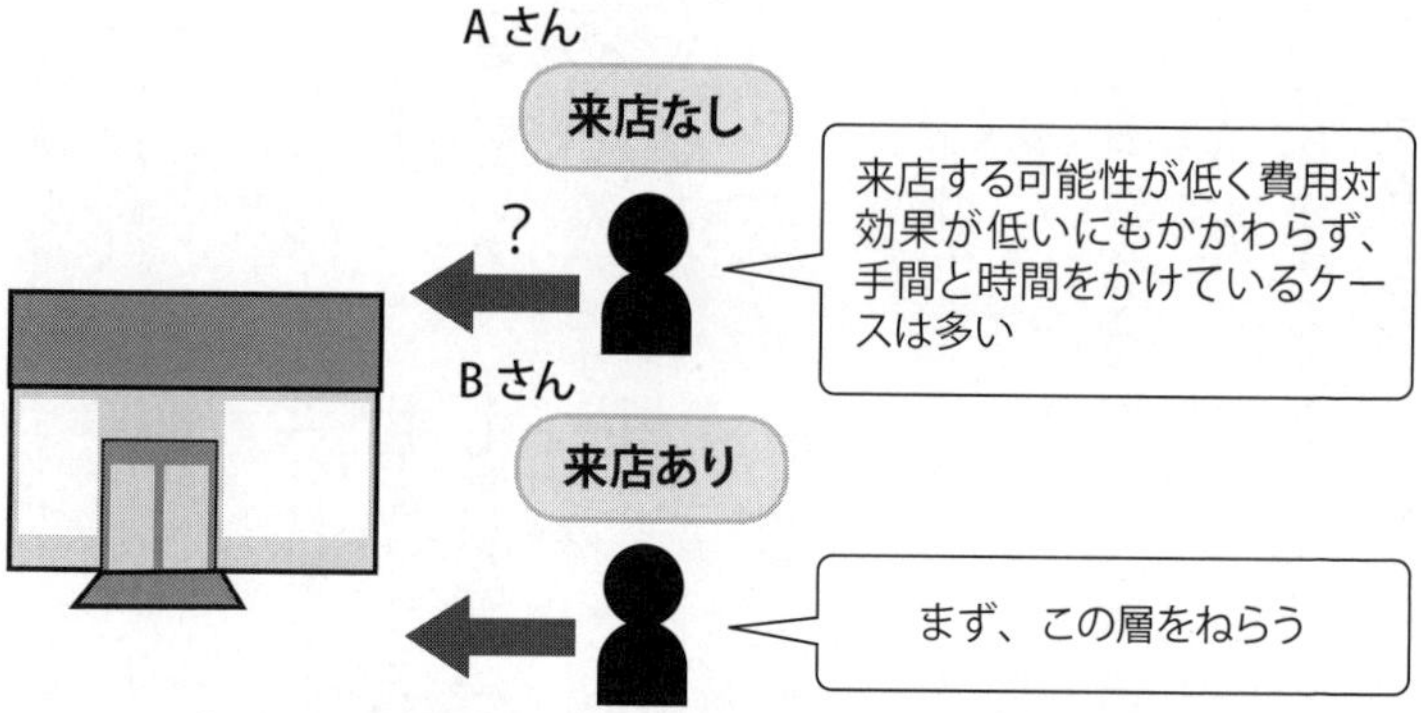
Aさん
来店なし
?
来店する可能性が低く費用対効果が低いにもかかわらず、手間と時間をかけているケースは多い
Bさん
来店あり
まず、この層をねらう

来店客にリピートしてもらうように販促する

などの理由もあるわけです。

つまり、AさんとBさんにはかなり大きな「差」があります。「まだ来店したことがない」Aさんを来店させるのは非常に難しいのです。

Aさんには多額なコストをかけても、Bさんを呼ぶためのコストはあまりかけていないというお店も意外に多いのです。

売上を上げるための最大の近道は、リピーターを増やすことなのです。

03 顧客を育てる「ピラミッド育成法」

では、「リピーターを増やす」ために、具体的にどのような対策を打っていけばいいのでしょうか。ここでは、私が常にお伝えしている**「ピラミッド育成法」**を紹介します。「ピラミッド育成法」は、広告・販促を行う際に非常に重要な考え方です。次ページを見てください。

このピラミッドはお店の顧客全体を表しています。ピラミッドの上部へ行くほど、何回も来店している常連客、固定客です。当然ですが、1回しか来店していない人より、常連客のほうが人数が少ないため、三角形になります。

そして、ほとんどの飲食店ができていませんが、広告・販促は、顧客状況に合わせて、段階的に行うことが大切です。決して単発ではなく、流れをつくることが重要なのです。「ピラミッド育成法」のねらいは、ピラミッドの下にいる「見込客」を頂点にいる「固定客」へと育成することです。つまり、見込客→新規客→再来客→常連客→固定客へとお

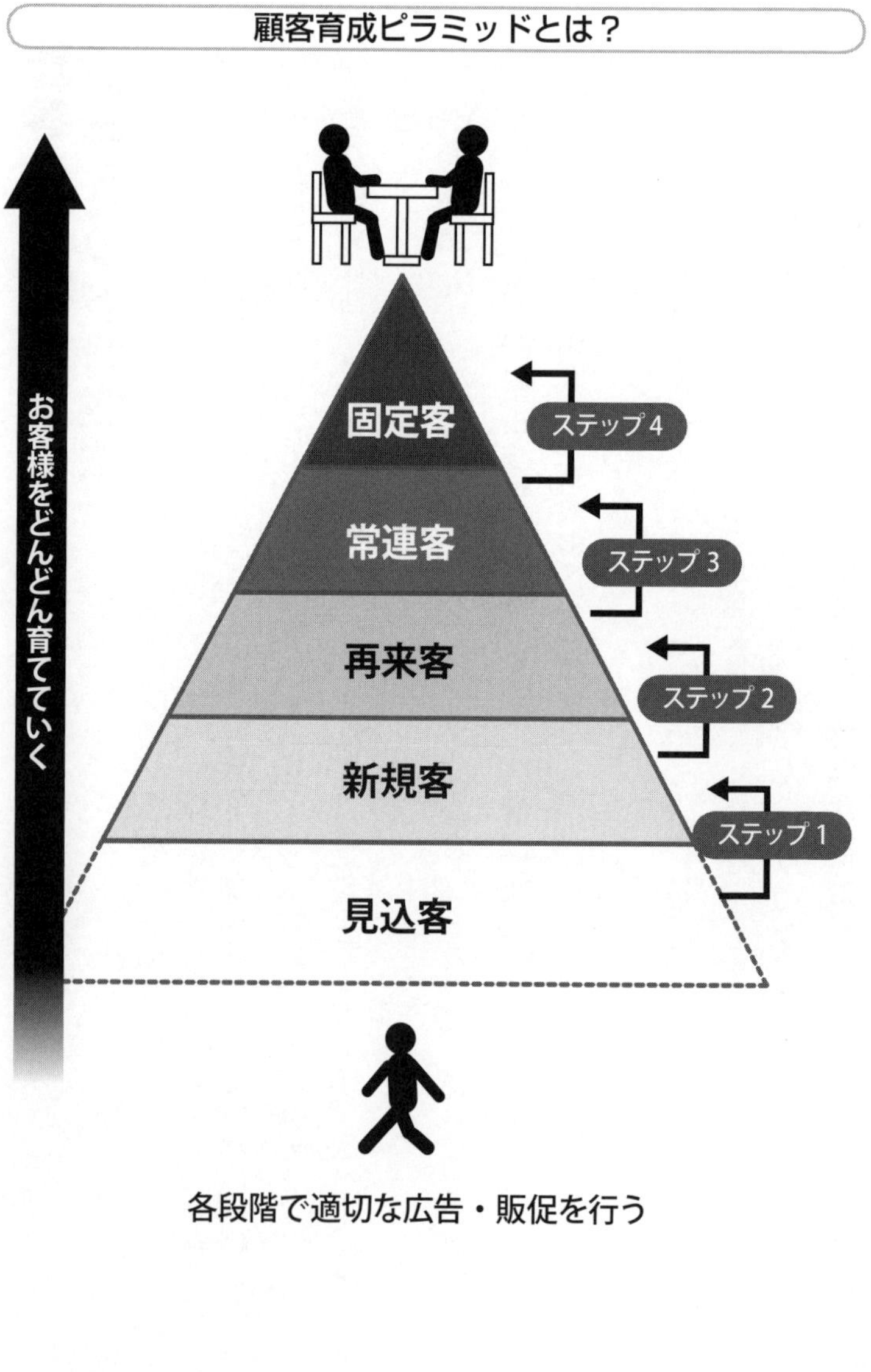
顧客育成ピラミッドとは？
お客様をどんどん育てていく
固定客
常連客
再来客
新規客
見込客
ステップ 4
ステップ 3
ステップ 2
ステップ 1
各段階で適切な広告・販促を行う

客様を育てていきます。

ステップ1．新規客の集客

広告・販促の事例としては「チラシ、店頭集客力の改善（看板・ファサードの改善）、雑誌・情報誌、インターネットによる新規客の獲得」などを行い、集客します。

ステップ2．再来客化の促進

販促事例としては、「クーポンの提示による2回目来店の仕掛け」です。

ステップ3．常連客化の促進

販促事例としては、「ＤＭの送付、携帯メルマガの送信による個別アプローチ」です。

ステップ4．固定客化の促進

販促事例としては、「会員制度への入会による囲い込みとＶＩＰ優待」です。

このように、お客様をどんどん育てていくのです。一般的に「なんとなく」販促をしているお店が多いのですが、「顧客ピラミッド上のどの顧客層に対する販促なのか」を意識して取り組むことで、より効果的な販促を実施できます。そして、自店の顧客の状況を把握して、**「継続的に集客していく仕組みをつくる」**ことが大事なのです。

次に、顧客ピラミッド育成法を実践していくうえで、大切なのが取り組む優先順位です。まずは顧客ピラミッドにおける再来客化、常連客化、固定客化の仕組みをつくることを優先しましょう。前ページのステップ2〜4を先に取り組み、最後にステップ1の新規客の集客を行うのです。なぜなら、先に説明したように、ステップ2〜4の「リピート客を増やすこと」には、さほどコストがかからないからです。

まずは顧客が育つリピート化の仕組みをつくり、そこで得た利益を使って新規客を増やす広告・販促を実施するのが、最も低リスクな販促といえるのです。

04
お店ごとに顧客リストの価値は変化する

さて、具体的にリピート客を増やしていく際に鍵になるのが、顧客リストです。この顧客リストがあれば、より能動的な「攻めの販促」を行うことができます。

顧客リストといっても種類や価値に違いがあります。業種や利用用途ごとに獲得すべきリストを知っておきましょう。次ページの図を見てください。下から上へ行くにしたがって、リストとしての価値が高まる傾向を示しています。

最も価値が高いのは、年齢、生年月日などの一般個人情報を含んだ顧客リストです。しかし、一般個人情報を含んだ顧客リストを、獲得しやすい業種と獲得しにくい業種があります。

例えば居酒屋や焼肉店など、接客回数が多く、滞在時間が長い業種ではリストを取りやすいのですが、ファストフードやラーメン店などは取りづらいといえるでしょう。よって、住所付きのリストではなく、携帯アドレスを獲得するケースが一般的です。居酒屋や焼肉

顧客リストの価値には違いがある

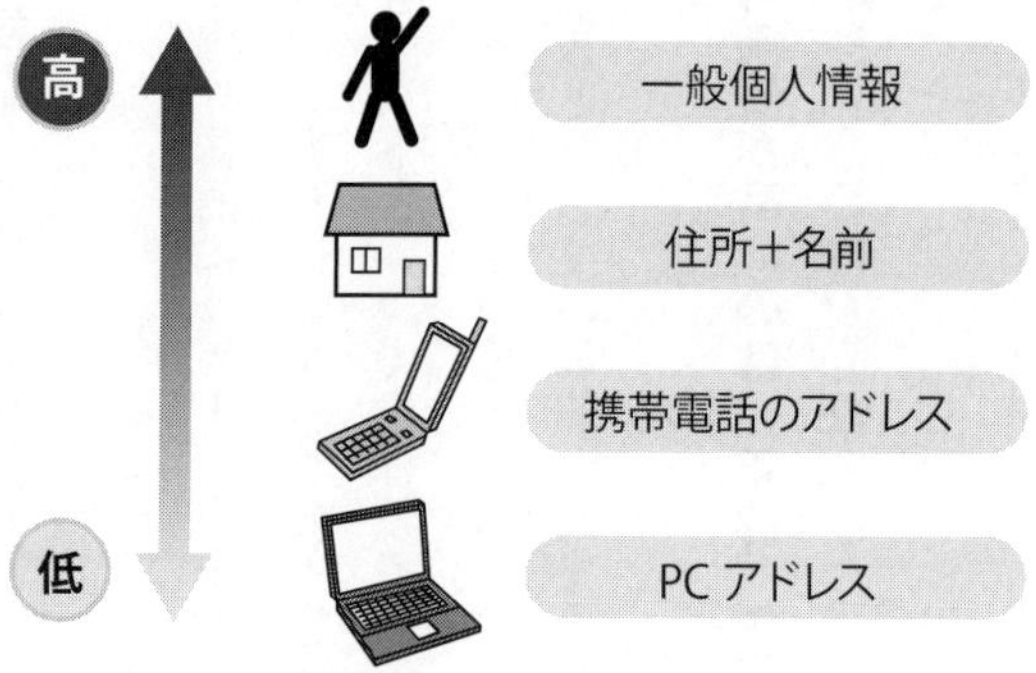

業種や業態によって獲得すべきものが異なる

店などは客単価が高いため、紙媒体でダイレクトメールを送っても費用対効果を十分見込めますが、客単価が1000円以下のお店では、デザイン費・印刷費・郵送費などがかかるダイレクトメール（DM）はペイしにくいといえます。

よって、販促自体にさほど費用がかからない携帯メルマガなどの販促のほうが向いています。

05 取得率90%以上の「顧客リスト獲得法」

顧客リストの獲得方法については、よくこういった質問を頂きます。

「アンケートはテーブルに置いてあるんだけどね……。あまり書かれないな〜」
「お客さんが嫌がりそうだから、やれないんだよね」
「最近は個人情報がうるさいし、取りづらいよね」

これらのさまざまな理由が妨げになっているためか、顧客リストの獲得をきちんと実践できているお店は非常に少ないのが現実です。よくアンケートと鉛筆を入れ物に収め、テーブルの上に置いてあるのを見かけますが、この方法では、ほとんど書かれていません。

そこで、私がおすすめするのは、**「圧倒的にリストを集めるアンケート」**です。
ポイントは、目的をリスト取りに絞ることです。住所・名前などの個人情報を取るということに絞っています。

そのため、満足度調査などはほとんど行わず、アンケートの質問項目は、基本個人情報・来店動機・来店回数・来店頻度などです。最後に感想を書ける枠をつくれば、食べた後に、「美味しかった」などの感想を書いてくださる方もたくさんいます。

うまくやると、来店客の約9割のリストを獲得できます。本来、9割の回収率は考えにくい数値なのですが、現実に獲得できます。


次ページから、具体的な顧客リスト獲得法を2つ紹介します。先に説明したように、自宅住所、氏名、生年月日、勤務先、その他の個人情報は、最も価値があり、最も獲得しづらいリストです。おすすめは、接客回数や滞在時間の長い業種です。例えば居酒屋、焼肉、串焼き、レストラン（イタリアン・フレンチ含む）、お好み焼き、カフェ・喫茶などです。

06 顧客リスト獲得法1
「店舗改善アンケート」

1つの方法は、「お客様のお声をお聞かせください」という文面を書いたアンケートをお客様に渡して、改善点を書いてもらいます。そして、ポイントは**食事の前に**アンケートを渡して、「お声をお寄せ頂いたお客様には、○○一品をプレゼント」などの、**「書けば今もらえる特典」**を付けることです。

プレゼントする一品は、ドリンク一杯やデザート一品などのありきたりの商品ではなく、おすすめメニューの小盛りサイズなど、お客様が喜ばれるような一品をプレゼントすることをおすすめします。

そして、次回に利用できるサービス券などを自宅住所に送るという理由で住所、氏名などを記入してもらうのです。

さらに大事なことは、**お客様にきちんと説明して、記入のお願いをする**ことです。この**「きちんとお願いする」**という行為が取得率を飛躍的に高めるのです。

くわえて、紙のサイズも非常に重要な要素です。

私は、**アンケート用紙をA4サイズにするように徹底しています**。一般的なアンケートの紙のサイズはA5やB6など、記入欄が小さくて書きにくいためです。きちんとお願いした以上、書きやすい大きな紙を渡すべきです。あなたがお客様だとしたら、小さな紙で薄い印刷がされたアンケートに、ていねいに自宅住所などの情報を記入しようと思えますか？　お客様がていねいに記入したくなるアンケートを準備することが大切なのです。

同様の例で、アンケート用紙を**高級な和紙や、しわ加工のある高級感のある紙**に変えることで、住所や名前、その他情報の記入率が高まり、極めて有効なリストを獲得することができます。料亭や割烹、フレンチレストランなど、単価の高いお店で、「いい紙」を使って、非常に質の高いリストを獲得できた事例が多数あります。

お客様に「きちんとお願いする」こと。そして、「大きくて書きやすいアンケート用紙」、業態によっては、「高級感のある紙」を用意することで、アンケートの取得率が格段に上がります。大切なことは、「本気でお客様の声を聞きたい！」「お客様との接点をもちたい！」というお店側の姿勢を伝えることです。この姿勢がお客様に伝わることで、取得率90％を達成するお店が続出するのです。

店舗改善アンケート

お客様の声をお聞かせください！

○○店では、お客様のお声を参考に
より満足度の高いお店づくりを目指しています。
ご協力頂いたお客様に、本日のおすすめ一品・
抽選にてお食事券千円分をプレゼントいたします。

ご来店日時　　年　　月　　日　　時頃

フリガナ お名前　　　　様	性別 □女性　□男性	年齢　　歳
〒　　－　　（※お食事券は郵送させて頂きます。住所の記入をお願い致します） フリガナ ご住所　　都道府県　　市区町村		
お電話番号　　（　　）　　（市外局番からお願い致します）		
メールアドレス（PCでも携帯でもOK）　　@		
お誕生日　　年　　月　　日	お勤め先 学校名	

●次の質問にチェック印をつけて下さい。

- 当店を知ったきっかけ　□TV　□雑誌・フリーペーパー　□知人紹介　□通り掛り　□インターネット　□その他［　　］
- 当店のご利用頻度　□週に2回以上　□週1回　□月2～3回　□月1回以下　□初めて
- 当店のご利用回数　□初めて　□2回目　□3～5回目　□6～9回目　□10回以上
- ご来店頂ける理由（複数回答可）　□家・会社が近い　□味　□価格　□雰囲気　□接客　□その他［　　］
- 本日ご一緒なのは　□家族　□恋人　□友人　□同僚　□仕事関連　□お一人　□その他

●ご意見ご要望、改善点をお聞かせ下さい。

ご記入頂き、誠にありがとうございました。

●お店のお得な情報をご住所まで送付させて頂きます。
もしご不要の方がいらっしゃいましたら、次の□欄にチェックを入れてください。　□必要ない
●ご記入頂いた情報は厳正な管理のもとに、適切に取扱います。
また、当店が取得した個人情報を第三者へ提供することはございません。

07

顧客リスト獲得法2
「今日から割引できる会員制度」

顧客リストを獲得するもう1つの方法は、今日から割引できる会員制度に入会してもらう方法です。こちらは長期的に取り組めるため、導入すると長期的にリストを獲得し続けることができます。

お客様がご来店され、席に座られてすぐに、話しかけます。

スタッフ「会員カードはお持ちですか？」
お客様「え？　持っていませんけど……」
※ここで新規客だとわかる。一方、既存会員が重複して記入することがなくなる。
スタッフ「では、この紙にご記入頂きましたら、今日から割引できる会員カードをつくれます。入会金や年会費などは一切かかりませんので、お得になりますよ。（実際にカードと申込書を見せながらお話する）」

カードサンプル

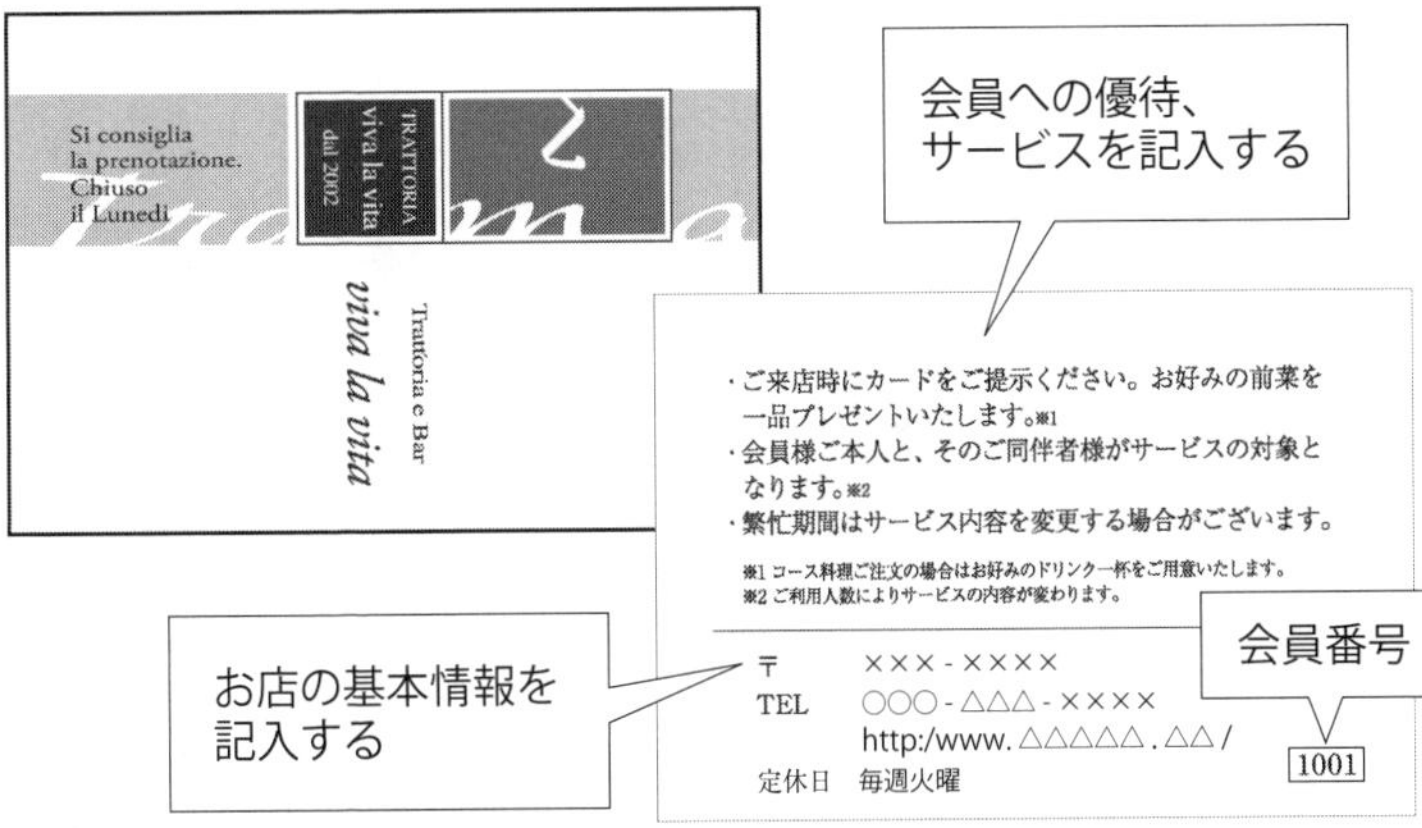
Si consiglia
la prenotazione.
Chiuso
il Lunedi
TRATTORIA
viva la vita
dal 2002
Trattoria e Bar
viva la vita
会員への優待、
サービスを記入する
・ご来店時にカードをご提示ください。お好みの前菜を
一品プレゼントいたします。※1
・会員様ご本人と、そのご同伴者様がサービスの対象と
なります。※2
・繁忙期間はサービス内容を変更する場合がございます。
※1 コース料理ご注文の場合はお好みのドリンク一杯をご用意いたします。
※2 ご利用人数によりサービスの内容が変わります。
お店の基本情報を
記入する
会員番号
〒 ×××-××××
TEL ○○○-△△△-××××
http:/www.△△△△△.△△/
定休日 毎週火曜
1001

と説明すると、多くの人が申込書を書いてくれます。

申込書には「会員カードをご住所にご郵送します。正確な住所の記載をお願いいたします」という一文を入れると、住所がより正確に記入されます。

そして、作成したカードを会計時にすぐに渡す準備をしておくと、郵送コストを削減できます。来店と入会のお礼も伝えたいという場合は、後日カードと一緒にお送りするほうがいいでしょう。お店の状況に合わせて決めましょう。

いずれにしても、**正確な住所を書いてもらうことが大切**です。この申込書は、非常に住所の記入率が高いのが特徴です。

上のサンプルを参考にしてください。

08 さまざまなツールを駆使する再来店化の仕組みづくり

具体的な顧客育成法を紹介します。まずはステップ2の再来客化の促進から見ていきましょう。一般的には、以下のような手法があります。

◇クーポン券の手渡し

次回から利用できるドリンク無料券、100円割引券、トッピング無料券、餃子無料券などはみなさんも飲食店でもらったことがあると思います。クーポン券に有効期限を入れることで、お店の印象を忘れる前により早いリピートを促したり、具体的に再来店を検討してもらったりすることができます。

◇新規客向けフェア＋次回使える割引券

新規客向けのフェアを行う際に、チラシ、新聞、情報誌などでフェア告知を行い、フェア期間中のみ、次回半額券などの大幅な割引券を渡す手法です。顧客ピラミッドでいえば、

「ステップ1. 新規客の集客」と「ステップ2. 再来客化の促進」を同時に行っているため、より効率的かつスピーディーに顧客の育成が可能になります。

1つ成功事例を紹介しましょう。第4章で登場した「中国麺飯店 王虎」の事例です。

王虎は地元である「入善町」からの来店客が多く、土日は家族連れで賑わいます。しかし、隣町である「朝日町」には競合店も多く、車で数分の違いであるにもかかわらず、「朝日町」からの来客者が少ないことが予想されました。

そこで「朝日町」と、入善町をはさんで「朝日町」の反対側に位置する「黒部市」の一定エリアに絞り込んで、チャーハンフェアの新聞折込チラシを実施しました。

そしてチラシに、「このチラシをお持ちのお客様には、次回のラーメン半額券プレゼント！」というクーポンを付けたのです。

結果、反応率は上々。さらにフェア数日間の間は狙いどおり、これまで見たことがない新規のお客様がたくさん来たそうです。そして、次回来店時に使えるラーメン半額券を使い、リピート客になった隣町のお客様が増えたのです。

「半額券なんか渡して大丈夫？」と思うかもしれませんが、まったく問題ありません。

1つめの理由は、半額券の利用に数種類の制限を設けているからです。有効期限は当然ですが、○千円以上ご利用の場合のみ、コース料理ご注文のお客様のみなどの制限を設けています。

2つめの理由は、再来客化に大きな価値があるからです。よくいわれるデータですが、飲食店では2回以上来店されたお客様はそれ以降の来店率がぐっと高まるのです。「1回しか行ったことのないお店」ってたくさんありませんか?

つまり、再来客化は「今後そのお客様が継続的なリピーターになって頂けるかどうか」の重要なポイントです。よって、多少のコストがかかったとしても、再来客化を促すことは価値のあることなのです。

◇お礼DM

お礼DMは、アンケートを書いて頂いたお客様に送ります。このハガキは接客したスタッフの手書きで、接客時に話した内容などを書くと、より好印象になります。

◇会員への入会

顧客リスト獲得法で紹介したような、今日から割引できる会員に入会頂くことです。また、会員制度でなくても、スタンプカードを渡すなども再来客化の促進につながります。ちなみに、これらは再来客化だけでなく、常連客化、固定客化にも効果があります。

次に、**「クーポンの提示による再来客化の仕掛け」**について、具体的なポイントを紹介します。

◇クーポンの内容について

割引もいいですが、来店者すべてに渡すとお店の負担が大きくなります。また、新規客なのか既存客なのか判別できない場合には、すでに固定化している層にも割引をすることになります。そのため、金額の割引ではなく、一品プレゼントをおすすめします。

一品の内容ですが、居酒屋での「生ビール一杯」など、ありきたりな内容ではお客様も価値を感じません。私がおすすめしているのは、売りの商品により近く、人気があり、独自性があり、原価率が抑えられるものをプレゼントにすることです。先のアンケート回収時の一品プレゼントのように、売りの商品を普段より小盛り（2／3程度）にしてサービスすることで、負担はより抑えられます。

◇有効期限の設定方法と渡し方

有効期限はお客様の平均来店ペースを短く設定することが基本です。業種によって異なりますが、2～3か月程度の有効期限を設定するお店が多いようです。

しかし、私は競合店よりもさらに短く設定することをおすすめしています。クーポン内容をより魅力的なものにして、有効期限を短くします。

そしてもう1つのポイントは、クーポンをお渡しする際に必ず有効期限をお伝えすることです。例えば居酒屋であれば、「こちらのクーポンですが、有効期限が3週間後になっておりますので、お早めにお使いください」などのひと言を添えるのです。そのひと言で、より具体的に再来店を検討してもらえます。

◇ツールの仕様、形状

クーポン券は、保管しやすく、捨てにくいものが理想です。大きすぎると持ち運びが不便になりますし、小さすぎても財布やポケットの中でくしゃくしゃになってしまいます。また、薄いペラペラの紙や形の崩れたような紙を使うこともおすすめできません。

私は多少厚みのある名刺サイズ、もしくはカードサイズのクーポン券をおすすめしています。名刺サイズより大きいと財布のポケットに入らないため、捨てられる可能性が高まります。また、厚みがあったり、きれいな印刷がしてある場合、捨てにくくなります。また、クーポン券にプレゼントする料理の写真やイラストが入っていると、より効果が高まります。写真はコスト増になるため、大量に発行する場合はイラストがよいでしょう。

◇回収率の測定

これはどの販売促進にもいえる非常に重要なポイントですが、決して「やりっぱなし」の販促にしないでください。なぜなら、費用対効果が測定できない場合、やってよかったのか、悪かったのか、続けていいのかどうかもわかりません。指標がないため、次への対策も打ちようがありません。

よって、クーポン券も必ず配布枚数を把握し、回収した場合は回収日時、回収率、そのグループの人数と売上を常にわかるようにしておくことが大切です。まったく同じクーポン券でも、渡す時期によって回収率は変わります。顧客の心理やお店の利用状況を分析するいい材料になり得るのです。必ず効果測定を実施しましょう。

09

常連客を育てる！ 攻めのＤＭ作成のポイント

では、次にステップ３の常連客化の促進です。ここでは、常連客を育てるＤＭ作成のポイントを具体的に紹介します。先ほど紹介した「お礼ＤＭ」とは狙いも内容も異なるので、注意してください。

まずは、ＤＭのターゲットとゴールを明確にします。サンプルを244ページにあげておくので、参考にしてください。

◇ターゲット

来店回数が１～３回のお客様　５００人

※このサンプルでは、来店回数が１～３回のお客様に絞り込んで販促を行います。顧客ピラミッドでいえば、新規客・再来客の層がターゲットです。ちなみに、このターゲット層の絞り込みは、アンケートの質問項目にある「来店回数」から抽出することができます。また、顧客管理システムを導入しているお店では、より簡単に抽出することが可能です。

◇ゴール（どんな状態を達成したいのか？）

来店回数が1～3回のお客様500人に対してフェアを告知し、来店頻度の向上を目指す。目標成果として、反応率8％、売上40万円、粗利26万円を目指す。

※数値の根拠
500人×8％（反応率）＝40組　40組×2・5（1組当たりの平均人数）＝100人
100人×客単価4千円＝40万円
粗利としては、40万円×65％（粗利率）＝26万円の粗利

そして、ターゲットとゴールが明確になると、次にフェアの具体的内容、クーポンの内容、DMのデザインを考えます。

このように、販促とは、**最初にターゲットとゴールを設定したうえで取り組むことが重要**です。ターゲット層を明確にイメージできれば、おのずと打つ手も明確になってきます。

例えばこのケースでは、来店回数が少ない人へ告知するフェアであるため、改めてNO1メニューのよさを理解してもらうような内容にします。まだまだお店への深い理解が少ないお客様にきちんとNO1メニューを覚えてもらうわけです。

そして、デザインは、NO1メニューの写真を大きく掲載して、その他の季節メニューで周りを固めるような内容にします。このデザインであれば、来店してもらえればかなりの確率でNO1メニューを注文してもらえますし、たとえお客様が来店されなくても、改めてNO1メニューを記憶に留めてもらう効果が見込めます。

ちなみに、DMの反応率ですが、リストの質やクーポンの内容、業種・客単価、送付するターゲットによって大きく変化します。例えば、ほとんどの来店者から獲得しているリストであれば反応率は下がりますし、過去にDMを送って反応があった方だけに絞ってDMを送ると、反応率はかなり上がります。また、客単価が高い「非日常」の高級和食より、「日常的」に行ける居酒屋のほうが反応率は上がります。

お店や送付先によって差が出るので、まずは自店の大体の反応率を把握しましょう。

次に、実際の販売促進の成功事例を紹介します。NO1メニューの告知という意味でも、第4章でも登場した焼肉・ホルモン料理「とんぼ」のDMの販促事例を紹介します。

◇ターゲット

直近半年間で獲得した有効リスト先　９６８人

◇**ゴール（どんな状態を達成したいのか？）**

右記ターゲットに対して、ＮＯ１メニューである「味噌ホルモン鍋」と定番商品である「カルビ」を食べて頂き、とんぼの強みを再認識して頂いて、来店頻度の向上を目指す。

目標成果として、反応率５％、売上67万円、粗利約43万６千円を目指す。

※数値の根拠

９６８人×５％（反応率）＝48組　48組×２・８（１組当たりの平均人数）＝１３４人

１３４人×客単価５千円＝67万円

　粗利としては、67万円×65％（粗利率）＝約43万６千円の粗利

◇**フェアの内容**

『カルビ&味噌ホルモン鍋フェア』～不況だから、お得に焼肉が食べたい！～

味噌ホルモン鍋＋カルビ＋サラダが１９８０円という期間限定のセットメニューをつくる。

クーポンとして、生ビールｏｒ和風パフェｏｒ豚バラのいずれか一品をプレゼントする。

◇DMデザイン

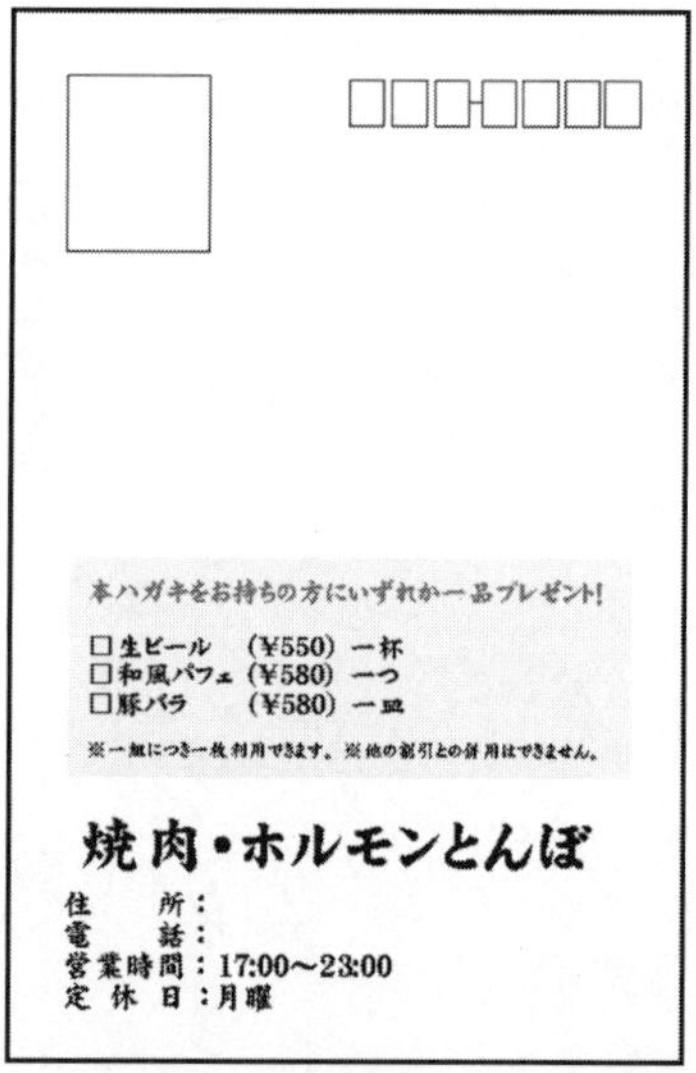

◇フェアの数値成果

ハガキまたはクーポン回収枚数　50枚（反応率　約５・２％）
来店数　50組×３・12人＝１５６人　客単価　５５６０円
成果売上（ハガキまたはクーポンをお持ち頂いた方の売上）約86万７千円
成果粗利（売上×粗利率65％）約56万４千円

※狙い通り、多くのお客様に味噌ホルモン鍋を食べて頂くことができました。また、セットメニューを提案した結果、予想以上に客単価が上がってしまいましたが、反応率は予測通りとなりました。（とんぼでは、毎回５％前後の反応率に落ち着くことが多い）

ＤＭ販促の効果もあり、とんぼでは、厳しい不況のなかこの平成20年11月の売上昨年対比は１１８％となりました。

10

常連客を育てる！携帯メール販促活用のポイント

次に、携帯メール販促について紹介します。先にお話したように、業態としては、ファストフード、麺類、カレー、定食、洋食、軽食などの食事中心で客単価が低く、接客回数、接客時間が少ないお店が向いています。携帯メール販促のメリットは次の5つです。

メリット1．コスト面

システムなどの運用費を除き、ほとんどコストゼロで販促を行うことができます。

メリット2．スピード面

販促企画からお客様への接触まで、非常にスピーディーに行うことができます。

メリット3．開封率の高さ

パソコンのメルマガ開封率は低いですが、携帯メールの開封率はまだまだ高いです。

メリット4．母数の大きさ

携帯は1人1台の時代です。非常に大きな配信母数を見込むことができます。

メリット5．携帯性

他の販促に比べてクーポンを忘れたり、なくしたりすることが少なく、結果として反応率が高まり、正確な効果測定をしやすいといえます。

自店の顧客層、商品の内容に応じて取り組みましょう。携帯は将来の可能性が大きいため、早めに実践して、リストを蓄積し、成功事例をつくっておくことをおすすめします。

◇携帯メールで配信すべき内容

携帯メール販促は、すでに大手チェーンが数多く取り組んでおり、かなりの配信数を誇っています。よって、同じような内容ではとても勝ち目がありません。そこで、個人店・地元のお店だからこそ、小さい店舗だからこそできる内容をつくることが大切です。

ちなみに、大手チェーンに多いメール内容は、「割引、クーポン情報」、「季節商品のお知らせ」、「フェア、キャンペーンのお知らせ」などです。同じような内容や文面でお客様にアプローチしても、さほどの効果は見込めないと思います。

あなたのお店ならではの内容をつくりましょう。以下の要素を参考にしてください。「NO1メニューの紹介」、「商品へのこだわり、思い」、「商品開発の模様」、「あの人気メニューができたわけ」、「経営者の思い、どうしてこのお店をやっているのか?」、「スタッフの紹介、経営者、店長の個人的な内容」、「地元ネタ、地域特有のネタ」、「お客様の声」、「携帯メール配信者だけへのフェア」、「プレゼント企画」、「単純におもしろい内容」など。

◇携帯メール配信で気をつけること

1.継続性

最も大切なことは、継続することです。内容や時期によっては反応がないときもあります。それでもコツコツと継続することが信頼感を高めます。

2.「売り込み」だけをしない

お店の情報といっても、「売り込み」だけではお客様は嫌気がします。お客様の立場に立って、自分がお客だったらどんな情報を知りたいか、どんなメールだったら読もうと思うのかを考えて内容を決めてください。

3. 配信時間

お店が暇な時間に配信するのではなく、お客様のお腹が空いてくる時間や「今日はどこで食べようか」と考える時間を狙って送ると効果的です。午前中は11時過ぎ～11時半、午後は17時前後が良いタイミングです。また、メールをもらって迷惑な時間帯はやめましょう。朝は10時より早い時間、夜は21時以降には配信しないほうが無難です。

4. 配信頻度

配信頻度は、業態や自店への来店頻度によっても違いがあります。例えば、記念日など年に1～2回程度しか行かないようなフレンチレストランから週に1回メールが来ても煩《わずら》わしいだけです。逆によく行くラーメン店であれば、週1回でも読もうと思えます。

ちなみに大手チェーンでは、週に1回か10日に1回程度の配信頻度が多いようです。業態によっても違いはありますが、最初は2週間に1回～1週間に1回程度の配信頻度で試してみましょう。

11 固定客を育てる！会員制度の運用方法

最後はステップ4の固定客化の促進です。ここでは、1つの事例として「会員制度への入会による囲い込みとVIP顧客の優待」について紹介します。顧客ピラミッドでいえば、一番上の固定客をいかにしてつくり、繰り返しリピートして頂くかです。

会員制度の運用にもさまざまな方法がありますが、ここでは、ステップ3の常連客化の促進において、何度か来店されたお客様をどうやって固定客といえる優良なお客様へステップアップさせていくか、がポイントになります。以下に一般的な方法をご紹介します。

◇ポイント制の導入

ポイントが貯まることにより、プレゼントや割引を利用できます。ポイントが貯まるという動機付けがあるので、他の店ではなくあなたのお店を選んでくれます。

また、月額1万5千円程度から顧客管理システムを導入できますが、システムに連動するリライトカード（ヤマダ電機やミスタードーナツで使われているような、ポイント数がカードに毎回表示されるようなカード）を発行しておけば、お客様の来店回数や利用金額など、すべてのデータを蓄積しておくことができます。このときは、来店回数が10回以上のお客様限定でフェアを行ったり、特典を出したりすることが可能です。

よくＤＭで「大切なお客様だけへの特別なお知らせです」という文面がありますが、これは優良顧客に絞った販売促進の一例です。

◇スタンプカードの配布

来店ごと、ご利用金額ごとにスタンプを押し、貯まるとメリットがあります。スタンプが貯まったお客様に住所、お名前などを書いて頂くことで、スムーズに優良顧客のリストを獲得することも可能です。

◇個別のアプローチ

優良客となれば、より深い個別情報（味の好み、お勤め先、趣味・嗜好など）をある程度把握することができます。日頃からきちんとコミュニケーションを取っておくことで個別のアプローチを行うことができます。

例えば、佐藤さんという1人のお客様に対してハガキを書き、一対一のコミュニケーションを取ることで、よりお店への親近感を持って頂くなどの方法があります。また、店主からサービスをしたり、試作メニューの感想をもらったり、お歳暮をお送りしたりするなど、より濃密な関係性を築いていく方法です。

ただし、この方法は接客する側にコミュニケーション能力が問われます。経営者や店長が行うことが多いため、店舗全体としての「仕組みになりづらい」という弱点があります。

そこで、次に個別アプローチを活用したＶＩＰ顧客の育成方法として、具体的な方法を紹介します。接客回数や滞在時間の長い業種（居酒屋、焼肉店、串焼き、イタリアン、フレンチ、お好み焼き、カフェなど）で活用可能で、席数が50席以下の規模の小さいお店のほうが取り組みやすい方法です。

◇ＶＩＰ顧客育成法

この手法は少し難易度が高めですが、実践できるとすごく効果的です。前提として、先にご紹介した「今日から割引できる会員制度」に入会されていることが条件です。

お客様（佐藤さん）が来店されたとき、次のような流れで接客を行います。

お客様（佐藤さん）が友人と来店（今日で3回目だとします）↓スタッフが「会員カードはお持ちですか？」と伺い、預かる。↓スタッフがオーダーを取りにくる。

スタッフ「佐藤様、いらっしゃいませ」
佐藤さん「えっ、なんで知ってるの？　どこかで会ってる？？」
スタッフ「いえ、いつもご利用頂いているお客様なので……」
佐藤さん「えーすごいな。びっくりしたー」
スタッフ「佐藤様、今日も焼酎でよろしいですか？」
佐藤さん「あ、ああ。お願いします。」

どうでしょう？　こんな接客をしてくれるなら、口コミもするし、また来たいと思いますよね。これが、いわゆるワン・トゥー・ワンの対応です。佐藤さんというお客様の名前を把握しており、佐藤さんの好みを理解している。そのために個別サービスを行えるわけです。

これは飲食店ではなかなかできなかったことです。気の利く店主や女将がお客様のお名前を覚えているように、「できる人にしかできなかった」接客です。

しかし、今回のケースでは、アルバイトの若い女性スタッフでも簡単に実践が可能です。では、どうやってこのような接客ができたのでしょうか？

非常に簡単な仕組みですが、実は先の会員カードにはナンバーが印刷されており、個人が特定できるようになっています。そして、お客様ごとに顧客カルテをつくってあるのです。カルテといっても細長い形の厚紙でできたメモ用紙ですが、そこに佐藤さんがいつ来店して、いくら使って、おもに何を注文したかなど、簡単な個別情報をメモしておきます。そして、来店時にカードを預かって、同じナンバーのカルテを取り出し、伝票ホルダーにはさんでおくのです。そうすると、最初のオーダーを頂くときに、そのお客様のお名前、住所、来店履歴、好きなメニュー、その他の特徴など、すべてがわかります。よって、先のような接客が実現できるわけです。

この手法の1番のメリットは、難易度の高い「個別対応の接客が仕組み化できる」ということです。また、あくまでアナログの仕組みであるため、システム料や機械などを導入する必要がないため、コストがほとんどかからないということです。非常に低リスク、かつ効果のある販促方法といえます。

今回の事例では3回目に来店された佐藤さんへの接客でしたが、5回目以上のお客様に限定して行うなど、お店によって対応は自由にできます。また、名前を呼ぶだけではなく、佐藤さんのお好みの料理を一品サービスするなど、さまざまな個別の接客、個別のサービスを提供することができます。重要なことは、お客様の期待を大きく超えるサービスを提供することです。佐藤さんは、「あの店は俺のことをわかってくれている」と感じるため、よりお店への親近感と帰属意識を高め、固定客化するようになるわけです。

この方法で1つデメリットをあげるとするならば、個別のサービスを行うことにより、お店に対するお客様の期待値を上げすぎてしまうことです。今回はレベルの高い個別の接客ができたのに、次回ご来店された際にお客様が期待される接客をできなかった場合、がっかりされる可能性があるということです。

この方法は、接客に対して責任を持って取り組める店長やフロアスタッフがいて初めて実現できます。お客様に喜んで頂くことを追求していくという「覚悟」や「姿勢」が問われる接客方法といえるでしょう。

12 超低リスクで新規顧客を獲得する方法

では、最後になりましたが、顧客ピラミッドにおけるステップ1．新規顧客の獲得について紹介します。まずは、飲食店における一般的な新規向け販促について説明します。

1．既存客からの紹介・口コミ促進

既存のお客様から紹介してもらえる仕組みをつくることです。また、口コミが起きるような商品・サービスをつくり、口コミを促進させることも可能です。

2．プレスリリース

メディアが興味をもちそうなネタをお店側から伝え、メディアに取り上げてもらう方法です。新聞、雑誌、テレビなど、さまざまなメディアで活用できます。

3．店頭からの集客

看板・ファサード・お店のつくりそのもので新規客を集客する方法です。

4．ホームページ、インターネット広告・販促（パソコン・携帯）

自店のホームページをヤフーやグーグルの検索結果の上位に上げるＳＥＯ（検索エンジン最適化）という手法、また検索連動型広告、バナー広告などがあります。携帯もさまざまな集客方法があります。

5．法人営業・ハンディング

法人営業とは、店舗近くの会社やお店に営業を行うことです。また、ハンディングは、人通りが多い道路などで、手配りのチラシやクーポンでお客様を呼び込む方法です。

6．雑誌・フリーペーパー・新聞

紙の広告媒体です。無料で掲載してもらえるケースも多々あります。

7．クロスクーポン・ショップカード

クロスクーポンとは、カラオケ店とラーメン店がお互いのお店にクーポンを設置し合い、

それぞれのお客様に対して相互に広告を行う方法です。また、ショップカードは、お店の情報が入ったカードサイズの販促物です。

8. 折込チラシ・タウンプラス

折込チラシは、ご存知のように、新聞にチラシを折り込むことです。折り込むエリアの設定が可能です。また、タウンプラスは、郵便局が扱うポスティングサービスです。一定のエリア内のすべての世帯・事業所などに、「ゆうメール」を配達するサービスです。

9. ラジオ・テレビ

ラジオとテレビを使って広告する方法です。

では、これらの新規客向け販促で代表的なものを「成果の期待度」と「コスト」という2つの軸に沿って整理してみます。260ページの図を見てください。（業態や立地、ターゲット層によって違いがあります。あくまで大雑把なイメージとして捉えてください）。

この図では、右に行くほどコストがかかる販促となり、上に行くほど成果の期待が大きい販促になります。例えば「紹介」は、コストがほとんどかからないために、図の左側に位置します。そして、成果の期待度が大きいため、図の上部に位置しています。

「店頭集客」は新店舗の開業ならば、当初の建築費に入りますし、開業後に設置するとしても、10万〜20万円程度で新規客の集客効果の高い店頭に改善できます。

「WEB」は、取り組み方によって効果がさまざまですが、効果的なホームページをつくれば、コストもそれほどかかりませんし、成果も期待できます。

「TV広告・TVCM」は非常にコストもかかりますが、効果もかなり期待できます。ちなみに、首都圏ではコストが高すぎて中小規模の飲食企業では手が出ませんが、地方都市では個人規模の飲食店でもCMを出せるようになってきました。地域によって、チャンスがあれば、取り組む価値はあると思います。

フリーペーパーや雑誌を含めた「情報誌」は使い方によって、かなり効果が変わってきます。コストは最も安くて1万5000円〜3万円ほどではじめることができます。

おもな販促手段の「成果の期待度」と「コスト」

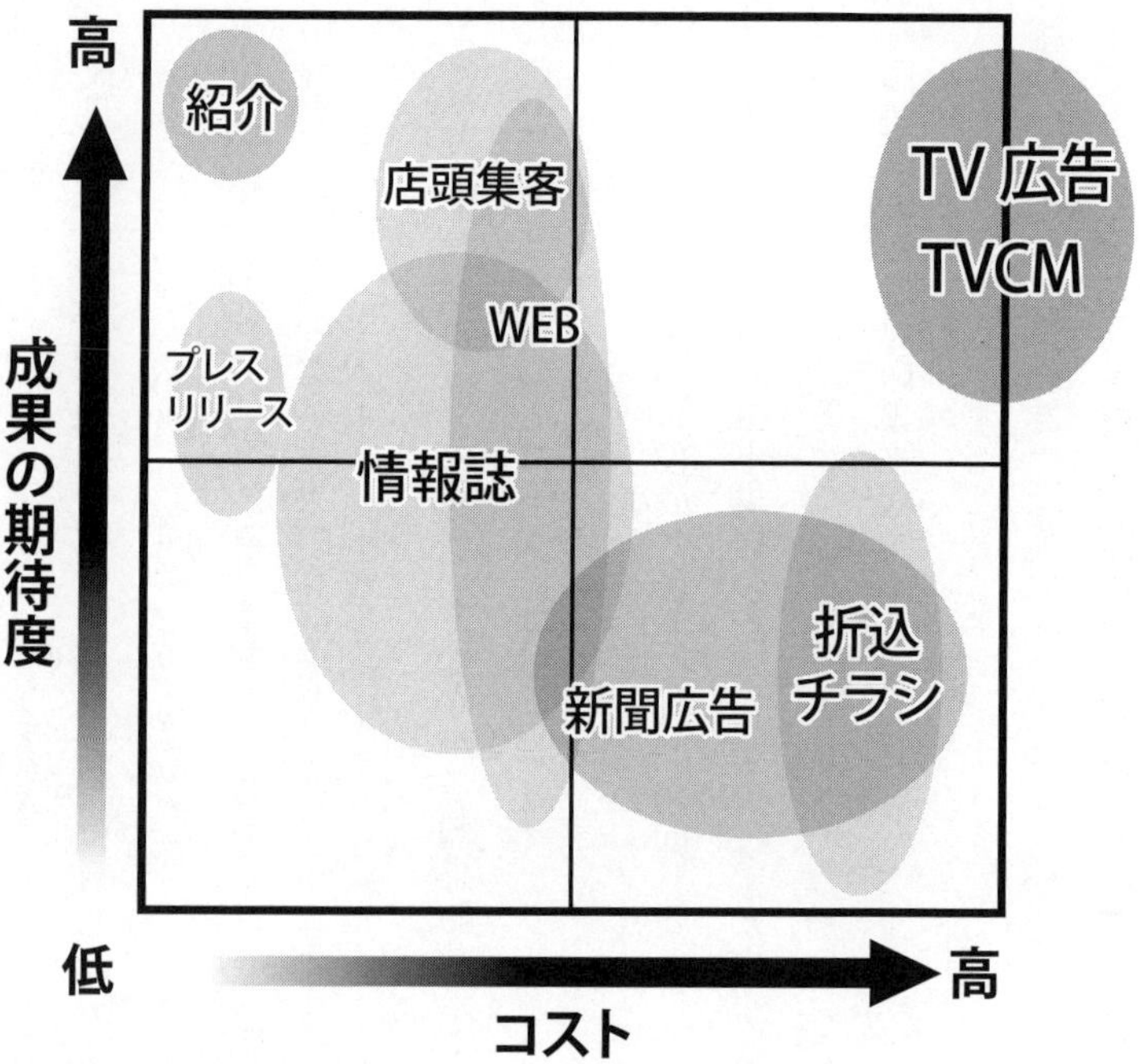

「プレスリリース」は、お客様がどっと来るほど「当たる」場合もありますが、何かの媒体に掲載されてもさほどの効果がない場合、もしくは単発で終わる場合があります。一番の利点は、ほとんどコストがかからないことです。

「新聞広告」は、コストが安いものから高いものまであります。効果の期待度としては、かなり目立つ位置に掲載しない限り、だんだん効果が落ちてきているのが実状です。そのため、半分より下に位置させています。

「折込チラシ」は飲食店にとって使いやすい販促手法の1つですが、チラシの作成・印刷に一定額の費用が掛かります。大きな効果を実現することも可能ですが、それなりにノウハウが必要になり、失敗した際のリスクは大きいといえます。

続いて、前ページの図の縦軸が「成果の継続性」になっている図を263ページで紹介します。こちらの図では、右に行くほどコストがかかる販促となり、上に行くほど成果の継続性が大きい販促になります。

例えば、販促を行ってすぐに大きな成果がなくても、継続的に成果が出てくることで、最終的には費用対効果が合います。よって、目先の成果を求めるだけでなく、長期的な視点で「継続性」を考えることは非常に重要です。

まず、「紹介」に関しては、やはり継続性も高いといえます。なぜなら、「紹介」をする人は何度も、繰り返し、いろいろな人に話をしてくれるからです。やはり左上に位置します。

続いて、第3章でも少し紹介しましたが、看板やファサードによる「店頭集客」は非常に継続性が高い販促といえます。なぜなら、看板やファサードは壊れたり、障害物（近くの看板や建造物）ができたりしない限り、半永久的に効果が継続するからです。

「WEB」は基本的に継続性があります。自社ホームページや飲食ポータルサイトへの掲載は、基本的に継続していくものです。

「TVCM」は月額費で月に数回放送というパターンもあり、継続していくことは可能です。「TV広告」は、特定の番組に特集してもらうなどの方法です。ただし、これは3

おもな販促手段の「成果の継続性」と「コスト」

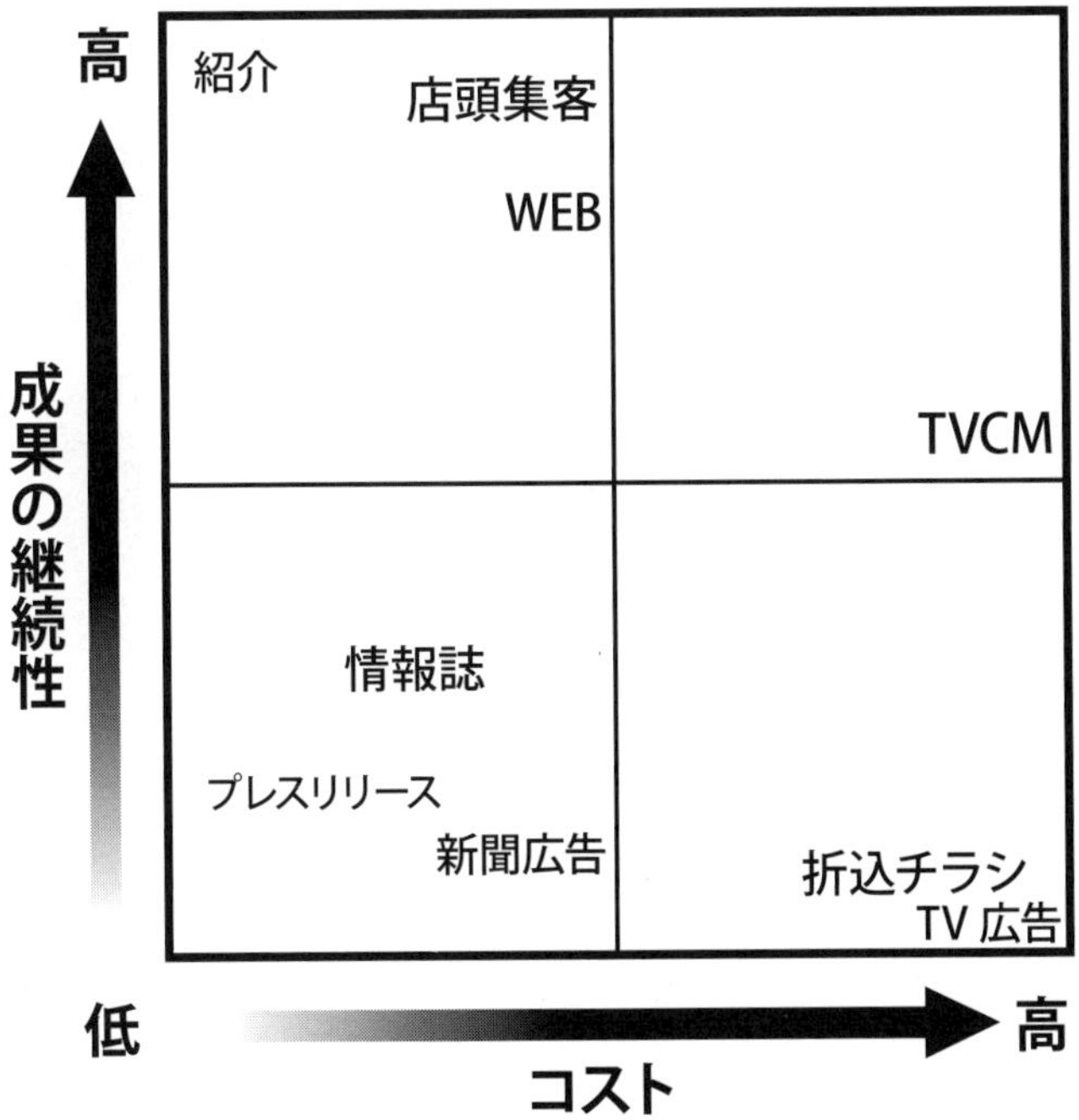

分間などのスポットになるため、継続性はありません。

「情報誌」は週刊もの、月刊ものが中心ですが、長くても効果は一か月です。ただし例外的に、飲食店の情報を集めて本にした飲食本、外食本などは継続性が高いといえます。

「折込チラシ」はチラシが折込まれる当日のみの成果で、継続性はありません。また、「新聞広告」は単発ものと継続ものがあり、継続契約は1つの枠を一定期間、買い取ります。

私がすすめるのは、成果の期待度、成果の継続性が高い販促です。各表の左上あたりに位置する販促です。

本書では、「WEB」と「店頭集客」、そして、みなさんがよく利用される「情報誌」についても少し取り上げています。また、表にはありませんが「法人営業」といわれる販促も紹介します。「法人営業」はやり方によっては大変効果的な新規向け販促となります。

13 意外に知られていない看板・ファサードの「本当の威力」

前述したように、看板・ファサードなどの「店頭集客」は成果の期待度も高く、継続性も高いという、非常に強力な販促手法です。

しかし、実際には、看板・ファサードを強い集客の核として活かしている店舗はかなり少ないと思います。第3章と少し重なりますが、以下にポイントを書いておきますので、参考にしてください。

1. 通行者から見て、「わかりやすさ」を最重要視する

一般的な飲食店にとって、店前の通行者は最大の見込客です。第1章の「立地との相性」にも関連しますが、お客様はあなたのお店を**「わざわざ探して来店する」**のではなく、**「よく通る道にあった」**とか、**「家や会社の近くにあった」**という理由で来店するケースが非常に多いのです。

通行者にわかりやすい看板やお店づくりをすることで、お客様が来店しやすくなります。

2．看板の文字や写真のサイズはできるだけ大きくする

①お店から離れた位置でも見えるようにする

お店から離れた位置から看板が見えることで、「お店に入店しようかどうかを検討する」時間が生まれます。離れた位置からお店を見つけてもらうことで、お店に気づく人の数が増え、結果として集客数を上げることができます。

②大きいことで目立つ、インパクトを出せる

看板や写真が大きいだけで、通行者にインパクトを与えられます。インパクト＝記憶に残るため、そのときは通り過ぎても、次回の来店につながりやすくなります。

3．設置する角度、位置を考える

実際に通行者の気持ちになり、実際に歩いてみる。車が多い場所であれば、車に乗ってお店を観察します。繰り返し観察することで、看板を設置する角度や位置が見えてきます。

4．表現する内容を吟味する

看板に書く内容は、伝わりやすいものがいいです。業態、商品名などは通行者がわから

ない、混乱する内容は避けましょう。こだわりや自信が強い方ほど、注意が必要です。

基本的には、以下の5点の情報をお知らせすることがセオリーです。
①業態、②メニュー、③店の売り・強み、④価格、⑤お店の雰囲気
事例として、「中国麺飯店　王虎」の店頭看板の写真を掲載しておきます。⑤お店の雰囲気はありませんが、①〜④のポイントがきちんと押さえられています。

看板・ファサードについては、他のお店をたくさん見るといいアイディアが浮かびます。看板を出さなくても、業態やメニューがはっきりわかる外観のお店もあります。業態によって内容が変わるので、同じ業態の店頭をしっかり観察することをおすすめします。

看板・ファサードは、非常に大きな成果を出すことができる販売促進です。業者任せにせず、しっかりと確認しましょう。

わかりやすい看板・ファサードの一例

メニュー内容、写真、価格を大きく表示して、入店しやすくする

遠くから業態を認知してもらう

14 いますぐはじめたい飲食店WEB活用法

飲食店でのWEB（ウェブサイト）の活用は、今や必要不可欠です。WEB活用には段階・レベルがあります。じょじょに高いレベルを目指していくのがいいでしょう。

まずは、「ヤフーグルメ」、「食べログ」、「ぐるなび」などのグルメポータルサイトからスタートして、自社WEBの作成・運用にチャレンジしましょう。ポータルサイトは複数のサイトに登録し、継続していきます。現時点で伸びてきているのは、「食べログ」です。今後、さらに影響力のあるポータルサイトになるでしょう。

ポータルサイトのなかにも、有料版、無料版があります。有料版の場合、月に数千円～1万円程度で自店のページをもつことができます。まずは有料版のポータルサイトで費用対効果が合うことを実感できたら、次に自社WEBの作成に挑戦しましょう。

お店のWEBをつくる際に大切なことは、いい制作業者を選ぶことです。

制作業者とひと口にいっても、単にサイトを制作できるだけというレベルの人から、より専門的なスキルのある法人まで、本当にさまざまです。

いい制作業者の定義は、成果を生み出すWEBをつくってくれる業者です。そのような制作業者を選ぶ方法を紹介しましょう。

それは、ずばり、飲食店のWEBの「制作実績」があり、「数」もこなしていて、さらに、現在、「成果」を生み出している業者を探して選ぶということです。

やはり、専門的な知識とスキルをもった、実力のある制作業者にお願いするべきです。**「制作実績」**を見極めるためには、ヤフーやグーグルで検索したときに、上位に上がってくるかどうかです（「○○市　居酒屋」「○○区　ラーメン」など）。

それから、**「手掛けた案件の数」**も重要です。WEBでの効果の出し方は、業種によってまったく異なります。その業種特有のノウハウは、WEBをたくさん作ることで身に付いてきます。現時点で飲食店のWEBをどれほどつくっているのかを、確認するようにしましょう。

「実績」については、その業者が作ったWEBの実績を数字を交えて、話せるかどうかをポイントにするといいでしょう。

避けるべきは、身近な知人やその紹介、異分野のデザイナーです。

身近な知人など、単純に、制作できるというだけの場合は、失敗するケースが高いといえます。デザイナーは、外見上はたしかにきれいにしてくれますが、実際に成果を出せるデザイナーはそれほど多くはありません。

ここまでが、いい制作業者を探す方法です。

次に、**成果の出るWEBのポイントを3つ**紹介します。同じポータルサイトでも成果には差が出ますし、業者に依頼するとしてもポイントを知っておくことは大切です。

ポイント1．訪問者数は十分あるか？

当たり前のことですが、WEBは「手段」であって「目的」ではありません。製作するだけではなく、より多くの訪問者数を増やしていく必要があります。その具体的な方法を紹介しましょう。

【SEO】

検索サイトで上位に表示させるテクニックです。「○○市 居酒屋」などの検索結果で1ページ目に入ることで、アクセスが増えます。

【グルメポータルサイトに掲載し、WEBのリンクを貼る】

グルメポータルサイト内のリンクからWEBへ訪問してもらいます。グルメポータルサイト上の各種ランキングで地域の上位にランクされれば、アクセス数が激増します。地域ポータルサイトは数多く存在します。できるかぎり多くのサイトに掲載しましょう。

【他媒体との連動】

雑誌やDMなど、他の媒体との連動により、WEBのアクセスを増やすことができます。雑誌に掲載された後にアクセスがぐっと上がるケースはよくあります。

【ブログで紹介してもらう】

飲食店を食べ歩いている人のブログで紹介されることでアクセスが増えます。知り合いの方がブログを書いていれば、ブログでの紹介をお願いすることも1つのポイントです。

【SNS（mixiなど）】

お店の経営者やスタッフのページから紹介したり、飲食店情報を交換するコミュニティで紹介されればアクセスが増えます。

ポイント2．WEBに来た人の行動を促す内容になっているか？

「クーポンがついている、ダウンロード・印刷できる」、「メール会員になってもらう」、「WEB予約をしてもらう、問合せしてもらう」などのアクションを起こさせる仕掛けができているかということです。実際に、クーポンダウンロードやクーポンの印刷は大きな成果につながります。近年、WEBによる予約は一般的に行われています。

ポイント3．来店までの心のハードルを乗り越えさせることができるか？

WEBを見に来た人が行動を起こそうとするときに、妨げになる「心のハードル」があります。そのハードルをきちんと乗り越えられるページづくりが必要です。例えば、「単品で食べたら、いくらくらいになるのかな？」、「個室はあるかな？」、「駐車場は十分あるの？　お店にない場合は、どこに停めたらいいの？」、「子ども連れでも大丈夫？」、「味はどうなのかな？」など。これらのハードルを乗り越えるための情報がきちんとWEBに記載されていることで、お客様は安心して来店を決定することができます。

WEBという販促手法は、早く取り組んだ人がより勝ちやすいという常識があります。すぐに取り組むようにしましょう。

15 情報誌の効果的な活用方法

雑誌・フリーペーパーなど、情報誌を活用する際のポイントをまとめました。媒体によっても異なりますが、おもな広告枠として、特集記事の広告枠、通常広告枠、新店情報枠などがあります。ちなみに、地方の情報誌では、新店情報は無料で掲載してくれるケースもあり、利用しない手はありません。

一般的には、忘新年・歓送迎会特集などのシーズンの特集や、居酒屋・イタリアン特集などの業態ごとの特集、他にも食材、地域、料理人に限定した特集などに掲載されると集客効果が高いといえます。媒体ごとに年間の発行スケジュールを出しているので、事前に聞いておくことで販促計画を立てられるようになります。

情報誌は、効果に大きな変動があります。効果を完璧に予測することはできませんが、以下の変動の要素をチェックすることで、事前にある程度の効果を想定しておくことが可能になります。

【店舗自体の認知度】

認知度が高ければ、効果が出やすくなります。認知がとぼしいお店は、効果もとぼしいです。

【立地】

情報誌の読者にとって、お店が行きやすい立地であるかどうかです。また、同じく掲載されている競合店と比較して、行きやすい立地であるかどうかが重要です。

【情報誌の企画内容】

例えば、「地域の名店特集」、「人気イタリアン特集」、「おすすめラーメン店大集合」などの企画の場合、読者の精読率が上がり、効果は上がりやすくなります。

【競合店の数、競合店との差】

効果のある記事でも、掲載された競合店の数が多ければ、1店舗当たりの効果は小さくなります。また、競合店との、掲載場所や掲載サイズの差も事前に想定しておきましょう。

【デザインの内容、写真のインパクト】

デザインや写真が見込客向けになっているのかをチェックしてください。見込客はボリュームのある料理を求めているのか？　個室の空間を求めているのか？　を考えてみます。

【記事の大きさ】

当然ですが、大きい記事のほうが効果があります。

【掲載ページ、掲載場所】

広告ページのなかでも、後ろのほうは効果が薄くなります。ページ内の掲載場所も上部がいいので、営業マンにお願いして、ページ上部に掲載してもらうようにしましょう。

情報誌掲載のちょっとしたテクニックについても紹介しておきましょう。

1．単発掲載を活用する

単発掲載なら、インパクト重視（メニュー・サービス・価格）や、季節ごとの特集ページで掲載するのが、反応が高いです。よくある特集は、「忘年会特集」「歓送迎会特集」

「GW特集」「真夏の冷たい○○特集」「食欲の秋特集」「冬の鍋特集」などです。

2. 継続掲載で認知度を上げる

認知度を上げたいお店や、席数が50以下の店舗は、小さい枠で年間掲載するのもいいでしょう。3か月~1年続けてみて、じょじょに認知度を高めていく方法です。継続掲載になると1回当たりの掲載料がぐっと下がるのでお得です。

3. WEBとの連動

WEBが強い店舗であれば、連動した販促が効果的です。情報誌からWEBへつなげ、WEBで意思決定をしてもらう方法です。大きな宴会、接待、デートでの利用などでは、くわしくお店の情報を知りたいものです。インターネットからの予約・申込でも特典がありますよという打ち出しをすることで、スムーズにWEBにつなげることができます。

情報誌は手軽な販促手法ですが、反面難しく、計画的かつ戦略的に使わないと、ムダになるケースがあることも事実です。費用対効果が見込める自店なりの「勝ちパターン」を見出すまでは、実験的に投資的意味合いで掲載してみることが必要です。

16 大きな売上につながる戦略的法人営業

法人営業とは、飲食店の店長なり経営者が、自店の周辺の会社や店舗を訪問して営業を行う販促手法です。宴会できるお店にとっては、さほどの費用をかけずに非常に大きな成果を出すことが可能です。しかし、「営業する」という方法である以上、手間と時間がかかり、営業するためのノウハウも必要になります。同時に心理的ハードルが高く、取り組めないケースも多いため、きちんと取り組んでいるお店が少ないのが実状です。

ここでは、法人営業をより「戦略的に」「簡単に」行う方法を紹介します。

ひと言でいうと、周辺の法人を会員制度で組織化し、新規客の獲得から固定客化まで継続した成果を出していく方法です。以下のステップで法人営業を行います。

ステップ1．近隣の法人を訪問する
ステップ2．法人の会員になることをおすすめする（登録は無料）
ステップ3．会員法人には会社名で予約してもらい、割引価格を適用する

ステップ4．その後も定期的に訪問して、お店の話題を提供し、固定客化を目指す

ポイントは、訪問営業して「宴会を売らない」ということです。宴会を売るのではなく、法人会員制度にご入会頂くという「縁を売る」イメージです。また、入会金や年会費は無料であるため、法人にとってはリスクのない会員登録になります。結果、法人側の担当者も営業が来たと身構えることなく、営業する側も取り組みやすくなるわけです。

そして、入会後も定期的に訪問し、チラシでコースメニューを伝えたり、宴会スペースの写真をお見せすることで、継続的な宴会予約を獲得できます。

ちなみにこのノウハウは、弊社で実施している法人営業を丸ごと「代行」するサービスのなかで、実際に3000社以上の法人営業を行いながら、独自につくり上げたものです（※日経レストランの2008年9月号に紹介された記事が弊社ホームページのメディア掲載欄に載せています。http://www.rise-will.com/）。

この手法は、比較的認知度の高いお店で効果が上がりやすいのですが、開業すぐのお店でも、オープンチラシを持って周辺の会社や店舗をまわるだけで集客効果があります。物怖じせず、気軽にまわってみましょう。法人営業の成果を実感できるでしょう。

17 年間販売促進表を使って販売促進を継続的に実施する

第6章の最後に、販売促進を継続的に実施するための実践的なツールを紹介します。年間販促表は、1年間の販促スケジュールを管理し、いわゆるＰＤＣＡサイクルを継続的に回すためのツールです（ちなみにＰＤＣＡサイクルとは、ＰＬＡＮ（計画）、ＤＯ（実行）、ＣＨＥＣＫ（評価）、ＡＣＴＩＯＮ（改善）という、改善サイクルのことです）。

ＰＬＡＮ（計画）部分には、取り組む販促の目的を記載します。そして、ＤＯ（実行）には、実際につくった販促物の画像を貼り付け、具体的な販促内容を記載します。そして、ＣＨＥＣＫ（評価）には販売促進の結果と評価を書き、ＡＣＴＩＯＮ（改善）には、次回の取り組みに対する対策を書きます。さらに、一番下には昨年度までの売上実績、今年度の売上目標と売上実績を記載する欄があり、来客数、客単価、フードコスト（食材原価）とレイバーコスト（人件費）を記入する欄もあります。

この表をミーティングで共有し、ＰＤＣＡサイクルを回します。次ページ表に、「中国麺飯店 王虎」の２００７年度の年間販促表を添付しましたので参考にしてください。

年間販促表【2007年1月～2007年5月】

	1月	2月	3月	4月	5月	
販促施策・目的	①リピート頻度向上 ②新規客獲得	①リピート頻度向上 ②新規客獲得	①リピート頻度向上 ②新規客獲得	①リピート頻度向上 ②新規客獲得	①リピート頻度向上 ②新規客獲得	PLAN
取り組みと成果品 (販促はお客様接触時)	①月替りおすすめ麺 海老あんかけラーメン(850円) ②CMの撮影・制作 ②'手配りチラシ・ポスティングチラシ+ギョーザ無料券 23日 200枚遊遊、300枚ﾎﾟｽﾃｨﾝｸﾞ  	①月替りおすすめ麺 豚バラねぎ塩ラーメン(780円) ②2/11入善ラーメン祭り出店 400食販売予定 無料券配布 ②'手配りチラシ・ポスティング チラシ+ギョーザ無料券400枚ﾎﾟｽﾃｨﾝｸﾞ 	①月替りおすすめ麺 角切り焼きチャーシュー麺(800円) ①'セットメニュー4種類導入 ②ケーブルTVのCM放映 	①月替りおすすめ麺 サクサク揚豚ラーメン(750円) ①'グランドメニュー変更 4/25リニューアル予定 ②ラーメン本への掲載(2万) 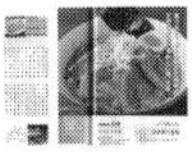 	①月替りおすすめ麺 濃厚にぼしラーメン(680円) ①'5/7からギョーザ無料券1000枚(有効期限6月末)  	DO
効果・反応	①249食、よく出る ②'500枚配布で12枚回収(2.4%)	①181食、ラーメン祭りの後にすごく出るようになった。 ②271食(うちハーフ100食) 売上125,600円 整理券を配布したので、店舗前に行列ができなかった。	①223食。味にも自信あり ①'昼の単価アップ 多い日はセットが30ほど出る ②年配の方や主婦らしき方が多く、確かな効果がある。	①179食、おいしいという声をよく聞く ①'おすすめの麺はよく出ている ②4月11枚回収 5月16枚回収 6月 5枚回収 7月 4枚回収	①159食、リピートあり ①'165枚回収	CHECK
結果分析 次期の取組み	②'着実な効果あり。今後も実施すれば、成果が上がる	②来年も出店予定。3～4人体制であえて、行列を作る	①'今後も継続していく ②今後も継続	②経費回収済み継続的効果が期待できそう	①好きな人は好きという印象 ①'反応率16.5%	ACTION
2006年実績						
2007年目標						
2007年実績						
来客数						
客単価						
フードコスト						
レイバーコスト						

年間販促表の重要な機能を3点、紹介します。

機能1．販売促進の改善サイクルを回せる

ほとんどの飲食店では、販売促進は「やりっぱなし」に終わることが多いのが実態です。取り組む目的、実際の販促物、結果を正確に記録して、次の対策を考えることで、販売促進はより計画的になり、より精度が高くなります。

以前に取り組んだ販促内容、販促物、反応率などが正確に記録されるため、「去年は春に何をやったのか」、「以前、大当たりした販促のデザインは？」、「以前失敗した販促はこが原因だった」、などの振り返りがスムーズにできます。結果、販促を行えば行うほど、失敗する確率が下がり、より成功率の高い販売促進を実施することができるのです。

機能2．先行管理・長期的視点の習慣が身に付く

飲食店はどうしても短期的視点で物事を考えやすい業種です。今月の売上は心配しても、半年後の売上を心配している経営者は少ないのです。

しかし、この年間販促表を使うと、販売促進を先行管理することができます。最低でも3か月先までの販売促進の予定を組み、じっくりと準備を行うことで、長期的な視点をも

った経営が可能になります。時間をかけて準備する習慣ができることで、販売促進だけでなく、さまざまな改善がスムーズに実施できます。

機能3. スタッフ教育に活かせる

年間販促表をミーティングで活用することにより、スタッフの教育に活用できます。販売促進の計画を立て、実際に行動し、結果を評価して、業績にどう反映したかをチェックすることができるため、お店が取り組んでいる全体像の現状をつかみやすくなります。ミーティングでのスタッフへの現状共有化ができるだけでなく、慣れてくれば販促企画をスタッフが立案することも可能です（この詳細は第7章で紹介します）。

第6章 まとめ

販売促進戦略での間違いとチェックポイント

販売促進に関する知識がほとんどない！

□ 販売促進の前に、戦略、商品力・サービス力、原価率があるかチェック

新規のお客様への販売促進に、お金・手間・時間をかけている!

□ 売上を上げる最大の近道は、リピーターを増やすこと
□「ピラミッド育成法」でお客様をどんどん育てる
□ ピラミッド上の位置を意識して、効果的に販売促進を行う

顧客リストをつくっていない！

□ 顧客リストを作成し、攻めの販促を行う
□ 目的をリスト取りに絞り、「圧倒的にリストを集めるアンケート」を作成する
□ 店舗改善アンケートには特典をつけて、きちんと「お願い」する
□「今日から割引できる会員制度」で住所リストを獲得する

筆者から特別プレゼント

無料

『7つの超低リスク戦略で成功する
　飲食店「開業・経営」法』をお読み頂いた方へ
筆者・井澤岳志から感謝を込めてプレゼント！
本書で紹介した4つの帳票がダウンロードできます！

1．競合調査表

57ページ

2．改善点発見シート

79ページ

3．日次資金繰り表

187ページ

4．年間販促表

281ページ

下記 URL より、お申込みください。

http://www.rise-will.com/pre/

なお、無料特典は早期終了となる場合がございます。

今すぐアクセス！

第7章

慢性的な人不足を解消する超低リスクの採用育成戦略

飲食店では、手間と時間とコストをかけて採用した人材が、すぐ辞めるリスクがあります。そのリスクを防ぐための人材採用・教育を取り巻く現状と、その対策を紹介します。

01

飲食店の求人採用はいま絶好のチャンス

「超」低リスクの人材採用と教育方法を説明する前に、飲食店の求人採用の実態について簡単にふれておきます。

非常に残念なことですが、現状において**飲食業は不人気業種**といわざるを得ません。一般的に飲食業は労働時間が長い割には低賃金であり、立ち仕事が多く、きつい仕事と思われています。結果としていい人材が集まりにくい。そして、労働環境が悪いために、離職率が高い。これは、飲食業界が考えるべき大きな問題です。

しかし、この現実から目をそらさずに、飲食店経営を行う必要があります。

一部のお店では、非常にいい人材をどんどん採用し、他のお店に大きな差をつけることに成功しています。取り組み方次第ですべてが変わります。ぜひ、求人採用と教育に真剣に取り組むことをおすすめします。

2008年のサブプライムショックに端を発した金融不況が起こり、それまで「売り手市場」だった新卒採用は逆転し、2010年度の新卒採用は氷河期といわれる時期を迎えています。

そして、製造業を中心に「派遣切り」の問題が起きるなど、離職率・失業率が高まっています。結果として、「働きたくても仕事がない」人が多くなっています。

しかし、このような環境において、個人店では求職者が増える傾向にあります。私のお客様でも、09年に入って社員をスムーズに雇用できた個人店が多数あります。

つまり、不況などで求人数が減り、求職者が増えている現在の状況は、**不人気業種である飲食店にとって、いい人材を獲得する絶好のチャンス**なのです。

そこで本章は、求人採用については、より低リスクな手法を簡単に説明するにとどめ、面接での求職者の見極め方や、具体的な教育方法に重点を置いて解説します。

02 もう人不足で悩まない

人材戦略について、ぜひ理解してほしいのは、「人材採用」より、「教育と辞めない風土づくり」を優先するべきだということです。

以前、こんなケースがありました。

売上アップ支援の依頼を受けたばかりのお客様に、組織の問題が発生したとのこと。すぐに辞める社員とアルバイトに対して、本社の総務責任者は頭を悩まされていました。

こんな場合、お店は求人採用に時間とコストをかけます。しかし、いつも以上の手間とコストをかけて集めた人材は、皮肉にもすぐ辞めてしまうことが多いのです。なぜなら、無理して妥協して人集めを行うため、どうしても人材の質にこだわれないからです。

問題が起きてからの対応案ではなく、このような問題が起こらないようにすることが大切です。では、求人採用の課題に直面して悩まないために、最優先に何に取り組むべきなのでしょうか?

答えは、**「教育と辞めない風土づくり」**を行うことです。

そもそも、人が辞めなければ、求人採用する必要がないわけですから、問題が発生しません。その根本を見失うと、いつまで経っても不安定な組織から脱却できません。穴の空いたバケツのような組織で、人という水を新たにすくっても、すぐにこぼれてしまいます。いくら水をすくう技術がうまくなっても、穴が空いている以上、常に新しい水をすくい続けなくてはならないのです。まず、この穴をふさぐことを考える必要があります。

飲食店は、お客様が来店して、すぐに商品とサービスを提供します。そして、お客様はその場でお金を払って帰っていきます。つまり、数分～数時間で「契約・購入」「サービス提供」「代金回収」までが終わってしまう業種です。そのため、どうしても短期的、近視眼的な考え方や行動に陥ってしまいやすい業種なのです。

だからこそ、あなたのお店は長期的な視点でお客様やスタッフを育て、そして、経営者のあなた自身もお客様やスタッフから学び、成長しながら、お店を育てていくことを心がけてほしいのです。

長期的な視点で積み重ねの発想を持ち、継続した改善を行うこと。これが「超低リスク戦略」の根底に流れている考えであり、思想です。

03 飲食店の一般的な採用方法

まず、一般的な採用方法を紹介します。どんな採用方法があるのでしょうか？

1．紹介

最もコストがかからず、手軽な方法です。スタッフ数5名以下の小さなお店であれば、紹介だけでこと足りることが多いです。

2．ハローワーク

書類作成やその後の手続きなど、多少手間はかかりますが、無料で掲載できます。

3．求人情報誌、その他求人広告

さほどの手間はかかりませんが、毎回費用がかかります。募集人数が少なければ、1人当たりの採用コストが高まりますが、募集人数が多ければコストが下がりやすくなります。

4. 大学などの掲示板

大学や専門学校などの掲示板に求人票を貼り付ける方法です。学校によっても異なりますが、数千円程度の費用がかかることがあります。

5. 調理師専門学校などからの推薦、紹介

調理師が必要なお店で活用するとメリットが大きい方法です。調理師専門学校の先生方と事前に人脈をつくっておき、卒業時にいい人材を紹介してもらいます。先生から生徒の情報を聞いたり、事前に希望する人材像を伝えておくこともできます。

6. ホームページ、ブログ、SNSなど

「居酒屋開業までのブログ」「居酒屋○○のスタッフブログ」などのように、継続して情報発信することで、読者からスタッフを採用することもできます。

以上が一般的な方法です。ぜひたくさんの方法を試しましょう。いい人材との出会いはお店を大きく加速させるので、求人採用に強いお店づくりを目指しましょう。

04 低リスク・低コストの「求人採用」を実現する方法

では、具体的に低リスクで「求人採用」を行う方法を簡単に紹介します。

資金の潤沢な外食企業であれば、お金をかけていろいろな取組みを行うこともできます。

しかし、小さなお店にとって、そんな投資ができる余裕と予算はありません。

そこで、小さなお店でもできる、具体的かつ効果的な対策を2つ紹介します。

対策1．身内の人脈から紹介してもらう

これは、多くのお店ですでに取り組んでいると思います。ただし、問題は、「どこまで徹底して取り組んでいるか？」です。ただ普通に聞いたり、探してもらうだけでは、効果はとぼしいでしょう。以下のステップに沿って紹介をお願いしましょう。

ステップ① 身内の方のリストを準備する
ステップ② 求人の詳細を記載した書面（チラシなど）を作成する

ステップ③　採用が決まった時点で、3万円程度を謝礼としてお支払いする旨を伝える
ステップ④　紹介をお願いする方にカード（名刺サイズ程度）をお渡しする

ポイントはステップ③にあるように、きちんと謝礼をする旨をお伝えし、より「自分ごと」として捉えてもらうことです。こちらの真剣さをお伝えして、協力をお願いすることが大切です。

※謝礼については、紹介頂く方が「人材紹介業」にあたり、免許が必要になるのでは？　という質問が以前ありました。専門機関に問い合わせた結果、このケースは身内の方に気持ちとしてお支払いするものであり、問題ないとのことです。ただし、念のため書面には書かず、口頭で伝えるようにしましょう。

対策2．お客様に紹介してもらう

次の対策は、既存のお客様に紹介してもらうことです。お客様はあなたのお店が好きで来ている「友好的・好意的な人脈」であるため、お店にいい印象をもつ確率が高いのです。

これも対策1と手順はほぼ同じです。

ステップ①　求人の詳細を記載した書面（チラシなど）を作成する
ステップ②　採用が決まった時点で、3万円程度を謝礼としてお支払いする旨を伝える

ステップ③　紹介をお願いする相手にカード（名刺サイズ程度）を渡す

お客様にお願いする場合、常連のお客様や顔見知りのお客様に対して、チラシを見せながら、「いま、お店で一緒に働いてくれる仲間を探しているんです。もしよかったら、お知り合いの方をご紹介頂けませんか？」というふうに伝え、謝礼の件も話します。そして、心当たりがありそうなお客様には、カードを渡すという流れです。

それが難しい場合は、メニューと一緒にラミネートをかけたチラシを各テーブルに置いておくだけでも効果はあります。

カードの一例

ロマンド・ロール
正社員
アルバイト
パート
スタッフ大募集!
更に会社を成長させる為に
共に働いてくれる 仲間を募集
しています!
詳しくは裏面を
Photo

詳しい内容はご紹介者様からの
チラシか下記のブログをご覧下さい
ブログアドレス
http://romandoroll.
検索サイトで
「ロマンドロール」で
出てきます。携帯からも見れます。
QR
コード

チラシの一例

クルクル巻いて、楽しく働こう♪
★土日のみでもOK!
★主婦の方、学生さん大歓迎!
正社員
アルバイト
パート
スタッフ大募集!
移動店舗内
スタッフさん
ロマンドロールについて教えて!!
Q どんな仕事なの?
A できたてのケーキ(フランスロール)を作る仕事です♪スイーツ作りの基礎が学べますよ(°▽°)
Q 職場の雰囲気はどんな感じ?
A 20代がほとんどで(オーナー除く/笑)上司、部下というより、仲間って感じです。
Q 楽しい時ってどんな時?
A 自分で作った出来たてのフランスロールを渡すこと♪お客様に喜んでもらえたときや、笑顔になる瞬間を見れたときは最高ですw
Q 移動販売ってなんだか不安…
A 会社組織なので社会保険も完備しているので安心して働いて頂けます。出勤は事務所に10:30集合して他のスタッフと一緒に営業場所へ向かいます。
Q 将来飲食で独立したいのですが…
A スタッフの考えたアイデアを実行できるので、どうしたらよいお店が出来るかを自然に身につけることが出来ます。将来自分のお店を持ちたい人は絶対おすすめです。
Photo
Photo
Photo
Photo
Photo
店長にインタビュー
Q もとも経験はありましたか?
A 僕もまったくの未経験でしたが、今では店長としてお店を任せてもらえるようになりました。
Q どんなことを心がけていますか?
A 毎日スタッフ一人一人の顔を見て、声をかけることを心がけています。
Q どんなお店を目指していますか?
おいしいロールを作ることはもちろん、自分がいるからまた買いに来たいと思ってもらえるように毎日頑張っています!
かっこいいベンツとオシャレなシトロエン!!
スタッフ
かおりちゃんからの声
◆移動が楽しい♪
毎月営業場所が変わるのでとても新鮮ですよ!イベント会場で販売することも多いのでいつも楽しいです♪
◇制服がかわいい・かっこいい★
制服が可愛いって褒めてもらえます♥
Photo
Photo
みんなの職場初公開!!
内装もオシャレ!!
身長180cmのオーナーものびのび!!
清潔な空間!エアコンも付いて快適!!
募集要項 働く条件など なんでもお気軽にご相談下さい。
●事業内容 フランスロール販売・製造
●職種 正社員・アルバイト・パート/移動店舗内スタッフ(接客・注文受付・デザート作り)
●資格 16～40才位迄 ※高校生も大歓迎!※研修制度があるので未経験の方でも安心です。
●勤務地 下記住所にて材料積込後、県内各営業場所へ。
●勤務 10:30～19:30の間で応相談 ※勤務日は相談に応じます。
●休日 月曜定休 ※土・日のみの方歓迎!
●給与 正社員16万円+能力給(交通費支給)
パート・アルバイト平日/時給800円～、土・日・祝/時給1,000円
※経験・能力等考慮、面談の上決定※研修期間約1ヶ月あり
●待遇 制服貸与、随時昇給有
●応募 まずは固定電話まで、つながらなければ下記携帯まで面接をご予約下さい。
※履歴書(写真貼付)持参下さい。
フランスロール販売・製造 (有)ロマンドロール北陸
@yahoo.co.jp
お気軽にお問い合わせ下さい!
ファミリーマート
ローソン
四方荒屋
八幡神社
北陸ベンディングセンター
JAあおば
ROMANDO ROLL

05

いい人材を見極めるための面接での注意点

面接で注意すべきポイントには、次の2つがあります。

1つめは、**応募してきた求職者をスムーズに採用までつなげる**ことです。スムーズな対応ができないばかりに、求職者が「やっぱり、この店はやめよう」となってしまうことがよくあります。特に、「人が足りない売り手市場」の際に重要となります。

2つめは、**複数の求職者のなかから、いい人材を見極める**ことです。「せっかく採用してもすぐ辞めてしまう」、「面接では好印象だったのに……」というお話をよく聞きます。不況で求職者が多い今の状況では、こちらの悩みが多いはずです。

なお、この2つのポイントは、求人・採用環境が売り手市場であろうが買い手市場であろうが、必要なことです。正しい面接を実施して、いい人材を採用しましょう。

1．スムーズな採用を実現するためのポイント

①最低限のルールを守る

当たり前のことですが、飲食店の採用・面接段階では、意外にルールが守られていません。例えば、お店側の担当者が面接の時間に遅れる、採用可否の連絡が約束より遅れる、求人広告に書いた内容と話が違う、などの場合、いい人材ほど「この店はやめよう」と考えます。お店がルールを守らないのに、いい人材を採用できるはずがありません。

②マイナスイメージを与えない

ここでの注意点は、求職者が嫌がったり、避けたくなる印象を与えないことです。面接では、「相手を評価してやろう」という気持ちが強くなるためか、怖い印象や冷たい印象を与えてしまうことがあります。基本的に笑顔で対応することを心がけましょう。

なかには、最初の電話対応の印象が悪いと、面接に来ないケースもあります。「お問合せ、ありがとうございます！」と伝え、お客様に接するのと同じ対応を心がけましょう。

③仕事内容と思いを誠実に伝える

面接で相手を評価することばかりに集中して、求職者が知りたいことを正確に伝えてい

ない、不安に感じることを解消してあげていないケースがあります。求職者は、「自分の立場で話を聞いてくれない」「一方的な対応をされた」と敏感に感じ取ります。

この場合、採用通知の電話に出ない、採用をOKしたのに断られる、当日から出勤しない、などの行動を求職者にとられるケースがあります。

なかには、求職者自身に問題がある場合もあるでしょう。しかし、店側の対応を見直すことで、面接から採用までがスムーズに流れることは間違いありません。

2．いい人材を見極めるためのポイント

①「どんな人材がほしいのか」を明確にする

そもそも前提として、それぞれのお店によって「いい人材」の基準は異なります。「お客様とのコミュニケーションが上手にできる人材」がほしいお店もあれば、「深夜まで続くきつい仕事でも根気よく働ける人材」がほしいお店もあります。

まずは、自店が**「どんな人材をほしいのか」**を明確にしておきましょう。

最も重視する能力や属性をいくつかピックアップしておきます。そして、その能力や属性を見極められる質問を事前に準備しておくことがポイントです。

面接で見極めるべき視点を整理しました。自店の状況に合わせて活用してください。

②職務能力を見極める

社員の募集、店長候補の募集、調理師の募集など、一定以上の能力が必要とされる求人の場合、相手の能力レベルを正しく見極める必要があります。

まず、「実績を証明できる事実」を探してみましょう。

例えば、「いままでの仕事における自慢話をしてください」といえば、客観的に評価された経験などを聞けるはずです。この質問で、相手のレベルをある程度判断できます。

そして、「コミュニケーション能力」を見極めましょう。いうまでもなく、コミュニケーション能力は仕事をするうえで欠かせないものです。

その能力を評価する場合は、「こちらの質問の意味を正しく理解し、適切な返答をできているか？」に注目してください。よく話す人がコミュニケーション能力が高いとはかぎりません。質問にすらすら答えているようでいて、少しずつ答えがずれている人もいます。いわゆる会話のキャッチボールができているか、こちらの話をしっかり理解しようとしているかを見極めましょう。

③生活習慣を見極める

非常に残念なことですが、経営者の方から、「飲食店で働く人のなかには、基本的な生活習慣ができていない人が多い」というお話をよく聞きます。確かに、こういう人を採用した場合、すぐ仕事を辞めたり、遅刻・欠勤が多いなどの問題が起こりやすくなります。こういう人を雇いたくない場合は、生活環境や生活習慣を見極める必要があります。

まず注目すべきは、求職者の「過去」です。その人の「いま」を明確に物語ります。

- 過去にどんな仕事をして、どれだけ続いたのか？
- どんな職場で、どんな経験をしてきたのか？
- 学校や前の職場を辞めた理由は何か？

仕事を転々とする人は、やはりあなたのお店も辞めてしまう可能性が高いはずです。

それから、家庭環境はその人の生活習慣に大きく影響を与えます。特に若い人はその傾向が顕著です。この場合、「親孝行といえることを何かしていますか？」「ご両親に対して、どんな思いをもっていますか？」などのように、家庭環境が垣間見える質問をすると、ある程度は理解できます。これは相手の家庭環境そのものを聞くのが目的ではなく、その人を知るのが目的です。相手の立場をイメージしてみることが大切です。

さらに、借金・ギャンブル・酒に依存していないかどうかは、社員として活躍してもらいたい場合には、聞いておく必要があります。ただし、「借金やギャンブルは絶対ダメ」というスタンスで質問しても、相手を追い込んだり、嘘を強要してしまうだけです。借金やギャンブルへの依存があったとしても、その理由があるはずです。相手の立場に立って相手の生活環境をイメージすれば、より自然に質問ができるし、自然に受け入れられるはずです。いったん、相手の立場に立って、受け入れた後に、採用できるかどうかを判断すればいいでしょう。

④精神的な強さを見極める

本章の冒頭にも述べたように、飲食業の仕事は決して楽な職場とはいえません。よって、精神的な強さがあるかどうかが、重要なポイントになります。

短時間で相手の精神的な強さを見極める場合に、いい質問があります。それは、**「過去**

に壁や困難を乗り越えた経験を教えてください」という質問です。過去に困難にぶつかって乗り越えた経験がある人は、将来においてもがまん強く、ねばり強く努力できる可能性が高いです。この質問への答えで、それが見極められます。

もう1つの質問として、**「何かを達成したことがあれば、その自慢話をしてください」**と聞いてみます。過去に何かを達成して成功体験がある人は、努力の末に達成することの快感を知っているため、多少つらいことが続いても我慢できます。

⑤お店との相性を見極める

もう1つ大事なことは、お店や他のスタッフとの相性が合うかどうかです。これは、ある程度感覚に任せるというか、**「フィーリングが合う」**人を採用するやり方です。

この場合、面接の前半は経営者や店長と面談して、後半はお店の中心となるスタッフにも同席してもらい、リラックスした状態でいろいろな話をします。経営者や店長との相性だけでなく、最もよく接するスタッフとの相性が大切になるからです。そして、面接後にスタッフから求職者の印象を聞き、採用を決定するといいでしょう。

いい人材を見極めるためのポイント

1 「どんな人材がほしいのか?」を明確にする

- 最も重視する能力や属性は何か?

2 職務能力を見極める

- いままでの仕事における自慢話をしてもらう
- きちんと会話のキャッチボールができているか?

3 生活習慣を見極める

- 過去にどんな仕事をして、どれだけ続いたか?
- どんな職場で、どんな経験をしてきたか?
- 学校や前の職場を辞めた理由は何か?
- 親孝行といえることを何かしているか?
- 両親に対して、どんな思いをもっているか?
- 借金・酒・ギャンブルに依存していないかどうか?

4 精神的な強さを見極める

- 過去に乗り越えた壁や困難を乗り越えた経験があるか?
- 何かを達成するために努力できるかどうか?

5 お店との相性を見極める

- スタッフとフィーリングが合うか?

06 若年スタッフを戦力にする5つのポイント

25歳以下の若年スタッフの教育で悩む飲食店経営者は非常に多いです。次に、具体的な若年スタッフの教育方法として、5つのポイントを紹介します。

1．当たり前のことからていねいに教える

あなたが当たり前、常識と思うことでも、きちんとていねいに教えて、しっかり覚えてもらうようにしましょう。「いわなくてもわかるだろ」では、彼らの能力を引き出すことはできません。

2．「やり方」を繰り返し教える

常に「与えられてきた」世代であるため、自ら「やり方」を見出したり、積極的に学ぼうとすることが少ないといえます。よって、具体的な仕事の「やり方」「進め方」を繰り返し教えることが必要です。

3. 成長の段階ごとに評価し、次のステップを明確に示す

「自分の成長につながらないように見える」仕事や、「いつかためになる」仕事は、やりがいを感じにくくなります。取り組めばきちんと評価をすること、そして、次のステップを明確に示すことで、今の仕事に取り組む意義が明確になります。

4. 目標設定はほどほどに

高すぎる目標設定は、大きなストレス下での仕事を強いてしまうため、問題行動が起こりやすくなります。スタッフの様子を見ながら、少しずつ目標を高めていけるような体制をつくりましょう。

5. 賃金に関して明確なルールをつくる

損得勘定が強いため、賃金に関しては不信感や不満がたまりやすいといえます。また、不信感をもってもいわないケースが多いようです。不信感が生まれないように、明確な賃金のルールをつくることが重要です。

これらの5つを意識すれば、若年スタッフを戦力に育てられるでしょう。

07 読まれない「マニュアル」より、使える「チェックリスト」をつくる

スタッフが思うように動いてくれないとき、多くの経営者は「マニュアルをつくろう」と考えます。しかし、いざ業者に外注してマニュアルを作成しても、「結局、誰も読んでいない」ケースはよくあります。

この場合、問題の多くはマニュアル自体にあるのではなく、組織の状態にあります。組織内の信頼関係があり、基本的なルールが整い、守られているという下地がなければ、マニュアルをうまく活用することは難しいはずです。

逆にいえば、経営者や店長が「マニュアルを読め」といって、素直に読んで実行してくれる組織は、すでにマネジメントのレベルがかなり高いといえます。

よって、**小さな規模の飲食店では、大手チェーン店で使われているような業務マニュアルは必要ありません。**その代わり、「業務チェックリスト」の導入をおすすめします。「業務チェックリスト」は、スタッフに期待する業務、取り組んでほしい業務を仕事の種類ごとにリスト化しているものです。次項でこの内容と利用法を紹介します。

08 業務チェックリストでスタッフを育てる

業務チェックリストの作成から活用方法まで、ステップごとに紹介します。

1．各業務の種類ごとに、やるべき業務、期待する業務を書き出す

まずは、「あいさつ、掃除」、「接客・ホール業務」、「調理補助」、「ドリンク」などの業務の大分類ごとに、スタッフのやるべき業務や行動、期待する業務や行動を書き出します。細かすぎる業務や、充分できている業務は書かず、店長が「もっとこうしてほしい」と思う期待や、「なぜ、やらないのだろう？」という疑問や不満を解決できる内容にします。

2．簡単な業務から順にリスト化し、チェックリストを作成する

大分類ごとに業務を簡単な順から並べ、次ページの表のようなチェックリストをつくります。そして、本人と上司がチェックできるように欄をつくり、大分類ごとに点数を小計できる欄を設けます。そして、一番下に点数を総合計できる欄を設けます。

業務チェックリスト

	メイン業務チェックリスト	本人	上司
	あいさつ・掃除		
1	スタッフ全員にきちんとしたあいさつができる		
2	指示どおりに調味料の補給、メニューのふき掃除、ガラスのふき掃除、おしぼりの保温、割り箸の袋詰ができる		
3	空いた時間には、指示がなくても調味料の補給、メニューのふき掃除、ガラスのふき掃除、おしぼりの保温、割り箸の袋詰ができる		
4	空いた時間には、指示がなくても、お客様の靴を整理整頓できる		
5	あいさつ、接客の仕方を後輩に指導することができる		
6	空いた時間には、指示がなくても、冷蔵庫、フィルターなどの掃除ができる		
7	後輩に適切な指示を行い、掃除を分担して実施することができる		
	小計		
	接客・ホール業務		
8	オーダーを正確に取ることができる		
9	ドリンクのおかわりを指示どおりにすすめることができる		
10	フードのオーダーを正確にキッチンに伝え、オーダー用紙と商品を正しく確認することができる		
11	空いた皿、グラスを積極的に下げてくることができる		
12	オーダーストップの際に代行のご用命を伺うことができる		
13	本日のおすすめをすすめることができる		
14	ドリンクのおかわりを自分の判断で積極的にすすめることができる		
15	まとめて調理ができるように別のテーブルのオーダーをまとめることができる		
16	会計時までにテーブルが片付いている状態をつくることができる		
17	適切な電話対応ができる		
18	本日のおすすめを説明を交えてすすめることができる		
19	各テーブルのオーダー状況を把握し、提供が遅れているテーブルの料理を早めるようキッチンに依頼することができる		
20	料理提供が遅れているテーブルを見つけ、お詫びとお断りをいうことができる		
21	電話での予約を独力で承れる		
22	全体の仕事のバランスを把握し、業務全体が進むように協力的に取り組むことができる		
23	おすすめ商品の中でもさらなる優先順位を判断し、フロアスタッフ全員で一品推奨を実施することができる		
24	新人・後輩におすすめの仕方を指導することができる		
25	各テーブルのオーダー状況を把握し、クレームが発生しないようにキッチンとフロアをコントロールすることができる		
26	責任をもったクレーム対応ができる		
49	領収書を[illegible]ができる		
50	一品ずつ読み上げながら、正確にレジを打つことができる		
51	ていねいかつ正確にレジを打つことができる		
	小計		
	指導・管理		
52	ドリンクのつくり方、レジの打ち方をわかりやすく教えられる		
53	ホール業務を指示することができる		
54	ホール全体と洗い場とのバランスを見て、指示を出すことができる		
55	ホール全般を正確に管理できる		
	小計		
	総合計		

3．定期的に本人と上司がチェックし、面談を行う

リストができれば、スタッフ本人と上司がチェックリストをチェックします。上司はスタッフが各業務をできているかを評価し、チェックします。チェックの仕方は、ただ○×とするだけでなく、できていれば1点、できていなければ0点にすることで、スタッフの業務習得レベルをスコア化することができます。

面談して、お互いのチェック項目を見比べることで、スタッフは「できている」とチェックしていても、上司が「できていない」と評価する場合があります。この場合、上司から「この部分で期待する業務は、〜〜です。もう少し、この部分を意識してください」などのアドバイスをして、上司が期待する業務・行動をより正確に理解してもらいます。

4．面談の結果を現場で活かし、評価につなげる

そして、面談でチェックがつかなかった業務を指導して覚えてもらったり、正しい期待・行動を理解していなかった業務を改めて教えたりして、現場に落とし込んでいきます。

さらに、期待する業務の習熟度としてチェックリストをスコア化することで、点数を上げるために頑張れる仕組みをつくることができ、評価にもつなげられます。

09 業務ランク表でスタッフの評価・育成システムをつくる

業務チェックリストで作成した期待する業務・行動のリストを活用し、スタッフを評価し、育てていくシステムをつくります。そのために、まずは業務ランク表を作成します。次ページのサンプルを見てください。

業務ランク表では、業務の大分類ごとにつくったチェック項目を、スタッフの業務習熟レベル（等級）という段階ごとに振りわけています。各等級に対して期待する状態やイメージを上部に書き、下に能力ポイント、時給ベース、各業務の項目を書いています。

等級は業務チェックリストの点数から決めます。このサンプルでいえば、点数が20点だったスタッフは2等級になります。

業務ランク表

業務ランク表

20XX年10月11日

	1等級	2等級	3等級	4等級	5等級
等級	定型補助	判断／熟練	判断／指導	業務管理・計画	部門統括
イメージ	①指示を受けて正確に業務を行う ②報告・連絡・相談をできる	①自主的な判断のもとに業務を行う ②より効率かつ精度の高い業務を行う	①フロア業務の全対応を任せられる ②再訪問につながる接客をする ③新人・後輩の指導	①アルバイトの責任者として、管理を行う ②再訪問につなげる活動、判断を積極的に行う	①経営的視点から店舗全体の状況を把握し、部下に指示し、店舗運営を行う
能力ポイント	0～15	16～25	26～45	46～55	56～
時給ベース	750円～	800円～	900円～	950円～	1000円～
あいさつ掃除	・スタッフ全員にきちんとしたあいさつができる ・指示とおりに調味料の補給、メニューのふき掃除、ガラスのふき掃除、おしぼりの保温、割り箸の袋詰ができる	・空いた時間に、指示がなくても調味料の補給、メニューのふき掃除、ガラスのふき掃除、おしぼりの保温、割り箸の袋詰ができる ・空いた時間に、指示が無くても、お客様の靴を整理整頓できる	・あいさつ、接客の仕方を後輩に指導することができる ・空いた時間には、指示がなくても、冷蔵庫、フィルターなどの掃除ができる	後輩に適切な指示を行い、掃除を分担して実施することができる	
接客 ホール業務	・オーダーを正確に取ることができる ・ドリンクのおかわりを指示とおりにすすめることができる	・本日のおすすめをすすめることができる ・ドリンクのおかわりを自分の判断で積極的にすすめることができる	・本日のおすすめを説明を交えてすすめることができる ・各テーブルのオーダー状況を把握し、提供が遅れているテー	・おすすめ商品の中でもさらなる優先順位を判断し、フロアスタッフ全員で一品推奨を実施することができる ・新人・後輩に	・責任をもったクレーム対応ができる
レジ		正確におつりを出せる ・領収書を独力で書くことができる	上げながら、正確にレジを打つことができる	ねいかつ正確にレジを打つことができる	
指導・管理			・ドリンクのつくり方、レジの打ち方をわかりやすく教えられる ・ホール業務を指示することができる	・ホール全体と洗い場とのバランスを見て、指示を出すことができる	・ホール全般を正確に管理できる

では、具体的に業務ランク表を活用した教育方法を紹介します。

例えば、先の例のように、現在2等級となったスタッフがいたとします。図にある枠の部分を見てください。2等級において期待する接客・ホール業務の一部として、「本日のおすすめをすすめることができる」とあります。このスタッフがこの業務をまだできなかった場合、まずはここをクリアすることを目指してもらいます。そして、次に目指すのは「本日のおすすめを説明を交えてすすめることができる」ことです。

つまり、業務ランク表を見せて説明することで、スタッフは**「自分が次に目指すべき姿」を明確にすることができる**のです。3等級という状態やイメージをまず理解し、具体的な業務内容を理解することで、**「次に取るべき行動」を明確にすることができます**。

そして、業務ランク表を評価の基準として活かしたい場合は、時給ベースをつくり、等級に連動するように時給を設定するといいでしょう。ちなみに、業務ランク表はパート・アルバイトだけではなく、社員にも当然活用できます。

10 年間販促表で店長の育成も可能に

最後に、第6章で紹介した年間販促表を使って、店長候補や店長を育てていく方法を紹介します。店長を育てるためには、さまざまな方法があります。しかし、ただ知識を学ぶだけでは意味がありません。現場で実践できて、力になり、業績にも反映する教育方法が必要になります。その点で、年間販促表を活用することは非常に効果的です。

まず、年間販促表を教育ツールとして活用するメリットを紹介します。

メリット1．お店の「営業面の活動」に意識を集中できる

店長の仕事は非常に多岐に渡り、さまざまな業務に追われています。特に「店を開け、運営」する仕事にかなりのウェイトがかかります。店長は売上を日々気にかけていますが、実は意外に、売上を上げるための営業面の活動をそれほど行っていません。

年間販促表をミーティングで活用することで、販売促進を含めた営業面の活動に意識を集中してもらうことができます。

メリット2．行動の結果としての業績意識、数値意識が高まる

一般的な飲食店のミーティングでは、店長が業績の報告をします。しかし、ただ単に損益計算書で報告をしても、あまり意味がありません。なかには、外的環境のせいにしたり、人が足りなくて売上が上がらなかった、などの言い訳をしたりするケースもあります。

年間販促表であれば、販売促進という行動の結果、売上や原価率・人件費率の変化を見ることができるため、より自身の行動に焦点を当てながら業績を見られます。

メリット3．長期的な視点を持った店舗運営が身に付く

店長業務は日々忙しく、時間に追われ、近視眼的な運営に終始してしまいがちです。年間販促表を活用することで、じっくり半年～1年かけて人とお店を育てる発想が湧きます。例えば、「今月は売上が下がったから販促をしよう」という発想ではなく、「今年の9月に売上が落ちそうだから、半年前から対策を打っておこう！」という長期的な視点で店舗運営を行う習慣が身に付きます。

次に、具体的な活用方法を紹介します。

ステップ1．ミーティングを開催し、まずは年間販促表の見方を学ぶ

まず経営者が手本となり、年間販促表に沿って業績確認と販促計画を進めます。計画、実行、評価、改善を意識したミーティングを推め、店長に活用方法を学んでもらいます。

ステップ2．年間販促表を使って販促の結果と業績の報告をする

次は、ミーティングにて、主に行動の結果と次の改善案を店長から報告してもらいます。改善のサイクルの一部を担ってもらうわけです。

ステップ3．自身で販促企画を立て、ＰＤＣＡサイクルを回せるようになる

最後のステップでは、自身で販促計画を立案、実行、評価し、次の改善につなげていくサイクルを推進してもらいます。ここまでが可能になると、経営者は大きな方向性のアドバイスや、販促計画への細かいチェックをするだけで、店を任せられるようになります。

年間販促表をうまく活用できるようになれば、組織的に経営できるようになっているといえます。ぜひ、そのステージまで、お店を育ててください。

第7章 まとめ

採用育成戦略での間違いとチェックポイント

飲食業は不人気業種！

□ 現在の経営環境は、いい人材を獲得する絶好のチャンス

時間とコストをかけて採用した人材が辞めてしまう！

□ 長期的視点で、「人材採用」より「教育と辞めない風土づくり」を優先する

採用についてのお金とノウハウがない！

□ 身内の人脈、お客様に紹介をお願いする
□ いい人材は、職務能力、生活習慣、家庭環境、精神的な強さを見極める

人材育成のノウハウがない！

□ 業務マニュアルよりも、業務チェックリストを活用する
□ 業務チェックリストをもとに、評価・フィードバックを行う
□ 業務ランク表で、期待する行動を明確にする
□ 店長候補には、年間販促表で業績意識・数値勘・全体感を養う

おわりに

本書を最後までお読み頂き、誠にありがとうございます。

私はこれまで、「小商圏での小規模店」という、極めて厳しい条件下で数多くの飲食店の実態を見ながら、「いかに成果を上げるか」にこだわって支援を続けてきました。超低リスク戦略の飲食店「開業・経営」法は、そんな条件のもとで生まれてきた方法論です。

現状の厳しい経営環境にあって、いまこそ「低リスク」戦略は必ず真価を発揮します。厳しい時代にこそ、より本質が問われます。いまこそ、本書でお伝えしたかった「継続的」かつ「積み重ね」の視点をもった経営が必要だと感じています。

さらに、ご理解頂きたいことは、「低リスク」の経営は、決して消極的な経営を意味するのではないということです。むしろ、リスクを下げることにより、さまざまな戦略・戦術を実践できるのです。高いリスクを背負ったままでは、「一度の失敗」が即廃業につながりますが、「低リスク」の運営や施策を心がければ、失敗のダメージはより小さくなります。よって、どんどん積極的なチャレンジが可能になるのです。

セミナーなどにご参加頂いた経営者の皆様や、コンサルティング先のお客様と接するなかで、いつも感じることは、すぐに行動・実践できるお店が生き残り、どんどん成長されるということです。これからの飲食店は、ますます「売上を上げる」ことに力を注ぐ必要があります。「低リスク」戦略を意識しつつ、スピード感をもって行動・実践しましょう。

本書をお読みになった1人でも多くの方が行動・実践し、より多くの成果を上げられることを願っております。

本書を執筆するにあたり、企画段階からさまざまなアドバイスを下さったメルマガコンサルタントの平野友朗さん、日本実業出版社の大西啓之さん。実際の編集をご担当頂いた日本実業出版社の滝啓輔さん、前川健輔さん。本当にありがとうございました。

また、税理士法人タックス総研の五十島哲夫さん、尾山幸祐さん、有限会社スカイしゃらくの冨田清彦さん、冨田欣成さん、スタッフの和田誠さんには、執筆におけるアドバイスとご協力を頂きました。ありがとうございます。

そして、これまでご支援させて頂いているお客様へ心から感謝いたします。みなさまの日々の実践があってこそ、本書を完成させることができました。今後さらに大きな成果を出せるよう、ご支援を進めていきます。

最後に、ここまでお読みいただいた読者のみなさまに感謝申し上げます。みなさまのご成功をお祈りしています。

２００９年７月　井澤岳志

井澤岳志（いざわ　たけし）

株式会社ライズウィル代表取締役。北陸最大の経営コンサルティング会社を経て、2005年にライズウィルを設立。富山県という小商圏で、成果・実績重視のコンサルティングに携わり、「現場主義」の独自な戦略・戦術指導を行なってきた。売上アップコンサルティングでは、全顧客中93.2%の成功率を達成している。支援事例としては、ラーメン店の売上が同月昨年対比51か月連続アップで月商300万円から735万円を達成、10年以上下がり続けた大型洋食店の売上を2倍にV字回復、閉店間際の居酒屋の営業利益率25%を達成するなど、飲食店経営者の相談を多く受けている。
また、日本における企画の第一人者、高橋憲行氏が主催する企画塾の成果大会にて最優秀プレゼン賞2回、最優秀成果賞、優秀成果賞を受賞するなど、その他受賞歴多数。全国各地での講演や、「日経レストラン」などの飲食雑誌、各種TVからの取材も多い。定期的に行なわれる飲食店経営セミナーも毎回好評を博している。また、自身でも国内2店舗、海外1店舗の飲食店を経営し、より具体的かつ実践的なコンサルティングを展開している。

7つの超低《ちょうてい》リスク戦略《せんりゃく》で成功《せいこう》する
飲食店《いんしょくてん》「開業《かいぎょう》・経営《けいえい》」法《ほう》

2009年8月1日　初版発行
2015年9月1日　第11刷発行

著　者　井澤岳志
発行者　吉田啓二

発行所　株式会社日本実業出版社　東京都文京区本郷3－2－12 〒113-0033
大阪市北区西天満6－8－1 〒530-0047
編集部 ☎03－3814－5651
営業部 ☎03－3814－5161　振　替　00170－1－25349
http://www.njg.co.jp/

印刷／理想社　製本／若林製本

この本の内容についてのお問合せは、書面かFAX（03－3818－2723）にてお願い致します。
落丁・乱丁本は、送料小社負担にて、お取り替え致します。

ISBN 978-4-534-04594-2 Printed in JAPAN

「強いお店」をつくる書籍

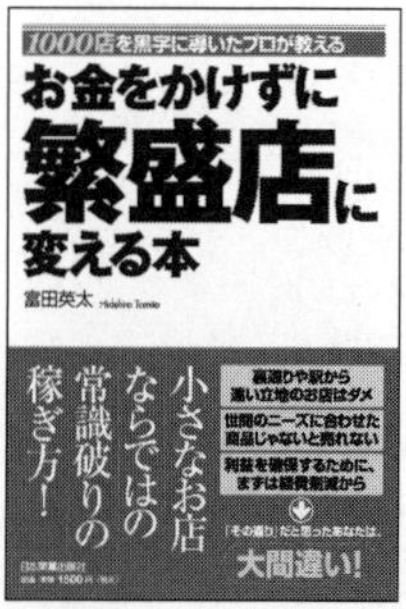

1000店を黒字に導いたプロが教える

お金をかけずに 繁盛店に変える本

大手企業の「常識」は、小さなお店には関係ない！お客様をトリコにする集客法から、丼勘定に別れを告げる財務管理、優秀なスタッフが殺到する採用術まで、資金0円から始められる店作りのノウハウ。

富田英太

定価 本体1500円（税別）

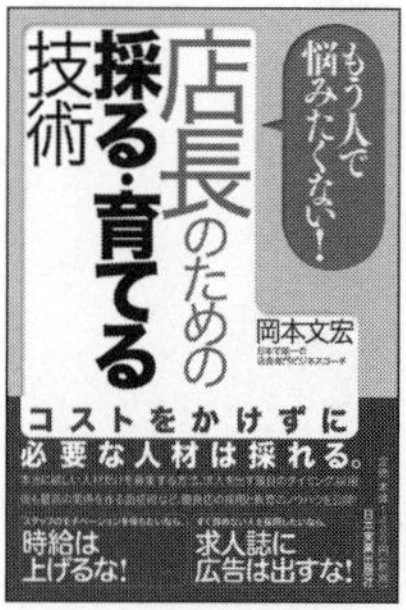

もう人で悩みたくない！

店長のための採る・育てる技術

コンビニ、飲食店や小売・サービス業などの店長や経営者のすべてが悩んでいるスタッフの採用と育成に特化した実用書。コストをかけずにできる、優秀なスタッフの集め方、マネジメント法を解説。

岡本文宏

定価 本体1400円（税別）

スタッフの夢とやる気に火をつける！

てっぺん！の朝礼

年間１万人の参加者を集め、飲食業界だけでなく他業界、マスコミなどからも注目される居酒屋『てっぺん』の朝礼。本書はそのノウハウを初公開！ 15 分の朝礼でスタッフとお店が生まれ変わる秘密。

大嶋啓介

定価 本体1300円（税別）

定価変更の場合はご了承ください。